Zum Inhalt

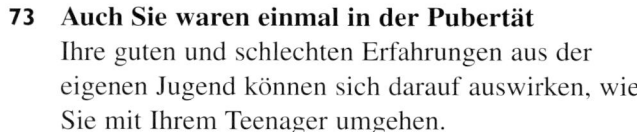

Schlagwortverzeichnis

„Don't walk in front of me –
I may not follow.

Don't walk behind me –
I may not lead .

Walk beside me –
and just be my friend."

Ehrlich gesagt...

...nie hätte ich mir, obwohl ich ausgebildeter Lehrer bin, auch nur annähernd vorgestellt, wie schwierig die Erziehung eines eigenen Kindes ist. Nach einem heftigen Streit mit meinem damals 16jährigen Sohn schrieb er mir einen Brief:

Lieber Papa,

in den letzten Jahren hat sich anscheinend in unserer Familie etwas geändert. Und das fällt nicht nur Euch, sondern auch mir auf. Ihr habt Euch vor 17 Jahren entschieden, ein Kind zu bekommen. Dieses Kind war das größte Geschenk, das Ihr Euch vorstellen könnt. Ihr haltet es in den Armen und sagt, Ihr freut Euch darauf zu sehen, wie dieses Kind einmal groß wird und Ihr mit ihm reden und Sachen unternehmen könnt.

Es ist schmerzhaft, wenn Kinder erwachsen werden.

Das Kind wächst heran. Es kommt in die Schule und bekommt langsam einen Charakter. Ihr nehmt Euch vor, alles zu tun, damit dieses Kind glücklich aufwächst. Euer Sohn wird nun langsam älter. Ihr erkennt seine Interessen und Vorlieben und versucht sie, soweit wie möglich zu fördern. Ihr unternehmt sehr viel mit Eurem Sohn. Ihr seid richtige Kumpels. Euer Sohn verändert sich immer wieder, findet plötzlich andere Sachen „cool" und wieder andere „blöd" und so geht das seine ganze Kindheit und Jugend hindurch. Ihr haltet tapfer mit und versucht ihn – soweit es geht – zu begleiten und zu unterstützen. Euer Sohn lernt nun auch neue Freunde kennen und beginnt seine „Laufbahn" als Jugendlicher.

Nun wird es schwierig für Euch. Sind die Vorlieben, die Euer Sohn hat, denn auch noch wirklich Vorlieben, die ihr unterstützen könnt? Ihr beginnt Euch an früher zu erinnern. Wie schön war es doch, mit ihm auf den Berg zu steigen oder Fahrrad zu fahren. Es ist schwierig für Eltern einzusehen, daß eine bestimmte Episode, die man mit seinem Sohn erlebt und sehr genossen hat, vorbei ist.

Und so kommt es, daß der Sohn aufgrund seines „fortschreitenden" Alters einige Charakterzüge oder Gewohnheiten annimmt, die den Eltern nicht gefallen. Wo diese „Gewohnheiten" herkommen, bleibt in Frage gestellt. Sind es seine Freunde, deren Eltern anders sind als wir? Ist es die Schule? Oder stimmt womöglich etwas mit unserer Erziehung nicht? Das alles fragt Ihr Euch.

Cool (engl.: kühl, gelassen) charakteristische Eigenschaft eines gelassenen Jugendlichen.

Jetzt gilt es, die schlechten Seiten Eures Sohnes zu beseitigen. Und es beginnt ein gefährlicher Teufelskreis: Ihr verbietet Eurem Sohn Dinge zu tun, die er womöglich gerne tun würde. Macht er sie doch einmal, schimpft Ihr ihn. In manchen Fällen resigniert er, doch oft denkt er sich: Diese blöden Eltern, ich denke doch gar nicht daran, ihnen zu gehorchen! Und so entsteht langsam eine Mauer zwischen Euch und Eurem Sohn, die vorher nicht da war und die schwer zu durchbrechen ist. Euer Sohn hat plötzlich Freundinnen, mit denen Ihr zum Teil nicht einverstanden seid, Euer Sohn will plötzlich abends auf Parties gehen. Ihr erinnert Euch immer wieder an Eure Jugend. Wie war es denn damals, als wir jung waren? Wie kamen wir mit unseren Eltern zurecht? Ihr wißt keinen Rat. Oft denkt Ihr Euch, daß es doch eigentlich ganz anders sein sollte. Ihr wollt doch im tiefsten Inneren, daß Euer Sohn Euch „cool" findet. Immer wieder entstehen Streits in der Familie über grundlegende Themen. Ihr habt das Gefühl, Euer Sohn sondert sich immer mehr von Euch ab. „Warum?" fragt Ihr Euch.
Diese Frage ist nicht leicht zu beantworten! Ich versuche es

einmal folgendermaßen: Jeder Mensch war einmal jung. Jeder Mensch macht entscheidende Phasen in seinem Leben durch. Manche ausgeprägter, manche weniger. Auf jeden Fall kommt jeder Mensch einmal an eine bestimmte Schranke. Die Schranke, an der er seine Kindheit hinter sich läßt. Die Eltern sitzen dabei an einem wesentlichen Schalter, der diese Schranke öffnen kann. Jeder Mensch kommt an den Punkt, an dem er endlich unabhängig sein und seine eigenen Entscheidungen treffen will. Und wenn dieser Punkt erreicht ist, ist es das logischste der Welt, daß die Jugendlichen in Konflikt mit ihren Eltern kommen.

**Eltern
können
Schranken
öffnen.**

Euer Sohn ist in dieses Alter gekommen. Ihr habt 16 Jahre lang versucht ihm beizustehen und plötzlich will er es nicht mehr. Ihr seid nahe daran aufzugeben. Und Euer Sohn hat einen entscheidenden Fehler begangen: Er war sich nie im Leben unklarer darüber, was es heißt, Eltern zu sein: welche Sorgen Eltern haben und wie sich seine Eltern abrackern, damit es ihm gut geht! Er hat oft nur seinen Spaß im Kopf und vergißt, daß er Eltern hat, die glauben, daß alle ihre Ziele, die ihnen vorschwebten, als sie den kleinen Sohn in den Armen hielten, nicht eingetroffen sind.

Das ganze ist eine schwierige Situation. Beide Seiten haben Probleme und sind sauer aufeinander, obwohl beide Seiten viel lieber eine Seite wären. Es muß ein Weg gefunden werden, unsere Probleme zu beseitigen. Und der wird auch gefunden! Warum soll nicht einfach ein anderes Zeitalter in unserer Familie anfangen? Eine „Reunion". Jeder von uns hat die Aufgabe, daran teilzunehmen. ICH habe die Aufgabe, Euch zu respektieren, als meine Eltern, die mich gerne unterstützen würden, meine Freunde kennenlernen wollen und einfach überhaupt gerne meine Freunde sein wollen. Ich muß Euch zeigen, wie das möglich ist.

IHR habt die Aufgabe, mich als Euren Sohn zu respektieren, der unabhängig sein will, um seine eigenen Entscheidungen zu fällen. Der gerne erwachsen werden möchte und fähig sein möchte, auf sich selbst aufzupassen. Ihr müßt mir zeigen, wie das möglich ist.
Ich finde Euch ja eigentlich echt cool!

Der Beginn eines neuen Zeitalters.

„Es ist leichter ein Land zu regieren, als Kinder zu erziehen", hat Churchill einmal gesagt... und er hatte recht. Gerade in der heißen Entwicklungsphase der Pubertät zweifeln Eltern oft an sich und glauben, bei der Erziehung ihrer Kinder gänzlich versagt zu haben. Wir raten Ihnen: Verlieren Sie nicht den Mut und grübeln Sie nicht zu viel. Halten Sie sich an positiven Dingen fest, die Sie bei Ihrem Teenager erreicht haben: all die freundlichen Gesten (der letzte Anruf mitten in der Nacht, in dem er Ihnen netterweise mitteilte, daß er etwas später nach Hause kommt oder die ausgeräumte Spülmaschine vor zwei Monaten) und die vielen schönen gemeinsamen Momente (Weihnachten vor drei

Jahren, der Kindergeburtstag damals), die Sie mit ihm ver-
bringen durften. „Kopf hoch" lautet die eiserne Devise.
Geben Sie die Hoffnung nie auf. Halten Sie durch, Sie werden überrascht sein, wie sich manche Dinge von ganz alleine lösen.

Wie kam es zu diesem Buch?

„Bevor ich heiratete, hatte ich sechs Theorien
über die Erziehung von Kindern.
Jetzt habe ich sechs Kinder und keine Theorie."

J. W. Rochester

Jeder, der mit Jugendlichen zu tun hat, kennt die kleinen, mittleren und ganz großen Katastrophen im alltäglichen Umgang miteinander. Der kleine aber feine Altersunterschied zwischen 10 und 13 Jahren hat für den Teenager das „Abenteuer Pubertät" eingeleitet. Viele betroffene Eltern finden diese Zeit und das ungewohnte, neue Verhalten Ihres Kindes mit dem Begriff „Puberterror" exakt umschrieben. Erwachsene und Teenager verstehen sich in dieser kritischen Etappe gegenseitig überhaupt nicht mehr und jede Seite erschwert der anderen das Leben so gekonnt wie möglich.

„Abenteuer Pubertät" oder „Puberterror"?

Bei vielen Eltern, Pädagogen, Kinderärzten und anderen mitleidenden Erwachsenen resultiert die täglich wachsende Unsicherheit (neben der wachsenden Ungeduld) nicht nur aus der Unkenntnis über die körperlichen und geistigen Aspekte dieser schwierigsten aller Entwicklungsstufen im Leben eines Homo sapiens, sondern auch daraus, daß die meisten Erwachsenen nur zu gerne vergessen, daß sie selber einmal jung und rebellisch waren. Erzieherischer Beistand ist jetzt gefragter denn je, ist doch die eigene, gut durchdachte Erziehungsstrategie anscheinend auf ganzer Linie gescheitert und die eigene Jugend schon seit geraumer Zeit tief ins Freudsche Unterbewußtsein verdrängt worden.

Sich in das komplizierte Innenleben eines Teenagers einzufühlen ist nicht leicht. Doch je mehr Vertrauen, Gelassenheit und Humor man aufbringt, je mehr man bereit ist, die eigenen Überzeugungen über Bord zu werfen und den Jugendlichen das Wort zu geben, desto spannender und entspannter kann diese kritische Phase verlaufen.

**Selbst-
management-
Seminare**

Weg von der
Fremdbestimmung
– hin zur
Selbstbestimmung.

Seit Jahren führen wir sogenannte „Selbstmanagement-Seminare" für Jugendliche zwischen 14 und 18 Jahren durch. Die Themenpalette der Seminare ist weit gestreut: Wir diskutieren beispielsweise mit den Jugendlichen über ihre Stärken und Schwächen und über die nicht nur bei Jugendlichen bekannte Diskrepanz zwischen Selbsteinschätzung und Fremd einschätzung. In der Gruppe vermitteln wir nützliche Techniken, die helfen, den Alltag besser zu „managen". Ein relevanter Gesichtspunkt ist dabei für viele Jugendliche die Frage nach der Selbstmotivation. Uns interessieren in den Seminaren die Lebensziele der Jugendlichen und wir sprechen mit ihnen darüber, wie aus Träumen Wirklichkeit werden kann. Außerdem diskutieren wir jugendspezifische Probleme, wie zum Beispiel Ärger mit den Eltern oder Lehrern, und erarbeiten gemeinsam mit ihnen umsetzbare Lösungsstrategien. Ein weiterer wichtiger Aspekt des Seminars ist zudem die Vermittlung mentaler Techniken wie Entspannungstraining und Visualisation. Dazu gibt es Übungen zur Stärkung des Selbstbewußtseins, die helfen sollen, den ganz alltäglichen Streß und das Chaos zu bewältigen, aber auch für schöne Dinge die Augen öffnen.

Der Verlauf unserer Seminare sowie die äußerst positive Resonanz auf die Seminartage von Seiten der Jugendlichen hat uns gezeigt, daß selbst mit „schwierigen" Jugendlichen offene Gespräche möglich sind und von ihnen sogar gesucht werden.

In der Pubertät scheint jemand den dünnen Draht zwischen Erwachsenen und Jugendlichen durchtrennt zu haben. Wir sind jedoch fest davon überzeugt, daß Kommunikation mit Jugendlichen möglich ist. Das ist manchmal natürlich nicht ganz einfach, kostet viel Verständnis, viele Nerven und noch viel mehr Geduld. In diesem Buch möchten wir Ihnen deswegen gerne einiges aus dem Erfahrungsschatz, den wir aus unserer Arbeit mit rund 2 000 Jugendlichen gewonnen haben, weitergeben.

Kommunikation

ist möglich und bedeutet im ursprünglichen Sinn: Verständigung über ein bestimmtes Thema.

Unser Buch richtet sich übrigens nicht nur an Eltern, sondern an jeden, der mit Jugendlichen zu tun hat. Natürlich können auch wir keine „pädagogischen Patentrezepte" anbieten, so daß nach der Lektüre dieses Buches alle Unklarheiten beseitigt wären. Letztendlich darf sich niemand darum drücken, individuelle Lösungen zu suchen. Außerdem basieren unsere Vorstellungen von Erziehung wohl auf denjenigen von Ernst Bumm, der einmal die weisen Worte sagte: „Bei der Erziehung der eigenen Nachkommen braucht man sich nur vorzustellen, es seien fremde Kinder. Und wie fremde Kinder erzogen werden, weiß ja bekanntlich jeder." Mit fremden Kindern verstehen wir uns sehr gut, über die eigenen familiären Verständigungsmodi hüllen wir uns in augenzwinkerndes Schweigen.

Die Pubertät ist und bleibt ein schwieriger Lebensabschnitt. Für manche Eltern gestaltet er sich schwieriger als für den Teenager selbst. Von einer konfliktfreien Pubertät haben wir noch nichts gehört, doch je nach Jugendlichem und seiner Auseinandersetzung mit der Umwelt, gestaltet sie sich kürzer oder länger. In der erzieherischen Begleitung durch die Eltern treten immer wieder dieselben leidigen „Terrorphasen" auf, die beim Kind entwicklungsbedingt (also ganz natürlich) und bei Vater und Mutter oft auf unreflektierten Erwartungen basieren (auch ganz natürlich). Macht man sich mit diesen bewußten oder unbewußten Erwartungen vertraut, ist der erste Schritt in die richtige Richtung getan.

Blickpunkt

Kleben Sie nun auf das beiliegende Lesezeichen ein Photo aus Ihrer Jugendzeit.

Wenn Sie sich mit uns auf das Abenteuer Pubertät einlassen wollen, laden wir Sie hierzu herzlich ein. Vorab haben wir allerdings noch ein kleines Attentat auf Sie vor: Kleben Sie bitte auf das abtrennbare Lesezeichen ein Photo aus Ihrer Jugendzeit ein. Das Lesezeichen soll Ihnen als kleine Gedächtnisstütze dienen und Ihnen dabei helfen, sich an Ihre Jugendzeit zu erinnern.

Die Jugend in den Neunzigern

„Die Jugend weiß, was sie nicht will,
bevor sie sich im Klaren ist, was sie will."

Jean Cocteau

„Generation X", „New Generation", „Rave-Nation", „junge Generation", „Baby Buster", „Teens", „Kids" – alles liebevolle Bezeichnungen von Trendagenturen, Trendforschern oder Eltern. Aber was steckt hinter diesen Begriffen? Verschiedene Umfragen und Untersuchungen bringen scheinbar Licht ins Dunkle: Die Jugendlichen der Neunziger gehören Gruppierungen wie der Techno-, House- oder Hip-Hop-Szene an. Um „in" zu sein, stehen sie beim Tätowierer und Piercer Schlange, färben sich die Haare grün oder blau – Politik und Umwelt sind Fremdwörter für sie. Unterhält man sich jedoch persönlich mit ihnen, stellt man schnell fest, daß sie im Grunde ganz „normale" Menschen sind und keiner neuen Rasse angehören.

Dreht man das Rad der Zeit um 20 bis 30 Jahre zurück und beleuchtet die damalige (also Ihre) Jugend, erkennt man sofort, daß keine großen Unterschiede zur heutigen Jugend bestehen. Wenn Eltern von ihren Kindern auf ihre eigene Jugendzeit angesprochen werden, kommt es nicht selten vor, daß sie sich unter Schamesröte hinter der Zeitung verstecken. Heimlich müssen sie sich jedoch eingestehen, daß Schlaghosen und Plateauschuhe zur Grundausstattung gehörten oder daß auf Parties die Nacht zum Tag gemacht wurde. Aber was unterscheidet die Jugend von damals von der von heute? Statt Flowerpower-Organisationen anzugehören, treffen sie sich heute in der Clique, statt eupho-

Wertewandel?

Ehrlich zu sich selbst sein ist für 93,5 % aller Jugendlichen der wichtigste ethische Grundsatz. Höflichkeit (84%), Verzichten können (83%), anderen vergeben (78,5) und nicht Gleiches mit Gleichem vergelten (49%) sind weitere Leitprinzipien der Jugend in den Neunzigern.

risch von Woodstock zu schwärmen, reden sie von der Loveparade, anstatt sich für die freie Liebe einzusetzen, kämpfen sie für Gerechtigkeit. Im Lauf der Zeit hat sich lediglich die Musik, die Mode und das Konsumverhalten geändert.

Würde man alle Jugendlichen in einem Shaker durchschütteln, käme wahrscheinlich eine merkwürdig aussehende Person heraus. Sehen wir uns das männliche Durchschnittsexemplar einmal aus nächster Nähe an. Beginnen wir bei den Haaren. Ein zwei Zentimeter Bürstenschnitt, eventuell blond gefärbt, umrandet ein unauffälliges Ottonormalverbraucher-Gesicht. Der Körper unseres jungen Mannes ist vom regelmäßigen Streetballspielen, Fußballspielen und Tennisspielen trainiert. Über seinem T-Shirt mit Werbeaufdruck trägt er eine zerschlissene Lederjacke. Sein „Beinkleid" besteht aus einer sehr breiten Hose, die von seinen Hüftknochen versucht wird gehalten zu werden. Seine weißen Tennissocken werden halb von Nylon-Turnschuhen überdeckt.

Das weibliche Durchschnitts-Exemplar hat schulterlange Haare. Es trägt das Haar meist offen, ab und zu mit einem Haargummi zusammengebunden. Das Gesicht ist unter einer Schicht Make-up gut versteckt. Die grell geschminkten Augen werden nur durch die dunkelrotbemalten Lippen übertroffen. Der Oberkörper der Durchschnitts-Jugendlichen wird von einem unscheinbaren Sweat-Shirt warm gehalten. Ihr Rock ist lediglich ein kurzes glitzerndes Stück Stoff, das gerade das Notwendigste verdeckt. Die Beine sind mit schwarzen Nylonstrümpfen bekleidet. Die Füße stecken in halbhohen Stiefeln mit Plateausohle.

Kleider machen bekanntlich Leute – und so ist es gerade in jungen Jahren wichtig, sein Lebensgefühl über das Outfit auszudrücken. Sei es um sich abzuheben, einzuordnen oder aufzufallen. Oft orientiert sich Kleidung und Schmuck der Jugendlichen an den Musikrichtungen, die gerade aktuell sind.

Fangen wir bei den **Ravern** an, dazu zählt man unter anderem die House-Musik, Techno, Trance, Trip Hop, und wie sie alle heißen. Die Anhänger dieser Musikarten treffen sich auf Raves und tanzen wie wild bis in die Morgenstunden, um sich dann zum Chill-out bei der sogenannten after-hour in der nächsten Disco wieder zu begegnen. Die wichtigsten Personen in dieser Szene sind mitunter die DJs, die stundenlang kunstvoll mehrere Platten ineinander mischen. Sie sind häufig auch an neuaufkommenden Trends „schuld" – sei es nun die Kleidung oder Musik betreffend.

Raver lieben es, sich auffallend anzuziehen. Die Jungs tragen oft lange Wickelröcke und eng anliegende Oberteile. Die Mädchen, je nach Kleidung auch „Girlies" genannt, lieben es bunt. Glitzerstoffe, bunte, künstliche Felljacken und hohe, farbige Plateaustiefel dürfen auf keinem Rave fehlen. Auch Lack- oder Pelzimitationen gehören zum typischen Raver-Outfit. Natürlich läßt sich nicht die ganze Szene über einen Kamm scheren. Auch hier gibt es Anhänger, die einfach nur in Jeans und Sweatshirt nächtelang auf die Beats tanzen.

Hip Hop ist nach Rave wohl die zweitgrößte Jugendbewegung der Neunziger. Die Texte handeln meist von Rassismus, Gewalt und Frustration. Die Songs dienen der Demonstration. Seine Anhänger tragen alles in Größe XXL. Auffällig sind

Hip Hop-Kultur...
entstanden in den späten 70ern aus Funk (Jazz) in den schwarzen Armenvierteln New Yorks als Alternative zur Gewalt zwischen Gangs (verbaler, künstlerischer und sportlicher Kampf anstelle von Gewalt).

Philosophie
Ausbruch aus grauem Alltag der Armut, Straßenpolitik, Bildung einer weltweiten Einheit gegen die Gesellschaft (Hip-Hop-Nation)

mögliche Probleme
Illegalität des Graffitisprühens, Gewaltbereitschaft durch Gangsta Rap, Nicht gewollte Kommerzialisierung des Hip-Hop durch Unterhaltungskonzerne („Krieg" zwischen Hip-Hop-Lagern)

Aktivitäten
Graffiti, Breakdance, Freestyle-Rappen, DJs, Basketball

Musikgruppen
Nas, De La Soul, Dr Dre, Wu-Tang-Clan

Hip-Hop

Skinheads...
Ursprung in den 60ern in England. Ging aus Ska und Reggae, der Musik der westindischen Einwandererfamilien, hervor. In den 70ern entwickelten sich rechtsradikale Strömungen. Diese Szene prägte auch in der BRD den Begriff Skinhead. Viele Skins sind unpolitisch oder sogar antifaschistisch orientiert.

mögliche Probleme
Arbeitslosigkeit, Gewalt

Aktivitäten
Pogo, Demos

Musikgruppen
siehe Punk (rechter Punk)

Skinhead (links)

Skinhead (rechts)

Techno, Jungle, Drum ′n Bass, Cosmic...
die Entstehung ist schwer nachzuvollziehen.
Die Ausweitung auf die breite Masse hat
Ende der 80er, Anfang der 90er Jahre
begonnen. Darauf folgte die Differenzierung
und Entwicklung verschiedener Stile.

Philosophie
Einigkeit, Frieden, Spaß

mögliche Probleme
Absturz durch Drogen, Realitätsverlust

Aktivitäten
Tanzen, Platten auflegen

Musikgruppen
Sven Väth, Dick van Dyke, Prodigy

Hilfe, meine Tochter ist einer Boygroup verfallen...

von der Plattenindustrie nach einem bestimmten Schema zusammen-
gewürfelte „Superjungs", die zu einstudierten Choreographien tanzen
und ausschließlich über die Liebe singen. Für die meist sehr jungen
und weiblichen Fans bedeutet ihr auserwählter Star alles. Die von
Jugendzeitschriften „gepushten" Träume und Erwartungen gehen in
der Realität nicht in Erfüllung.
Für CD′s der Gruppen wie z. B. der „Backstreet Boys" oder „Caught
in the act" geben die hysterischen Mädchen oft ihr gesamtes
Taschengeld aus.

JUGEND IN DEN 90ERN

Punk...
entstanden in den 70ern durch englische Arbeiterkinder aus Ska & Rock ´n Roll.

Philosophie
Gegenpol zur Gesellschaft, anarchistisches Gedankengut, Sozialismus, Straßenpolitik

mögliche Probleme
Gewalt, Obdach- und Arbeitslosigkeit, No-Future, Chaos

Aktivitäten
Pogo tanzen, Demos

Musikgruppen
Sex Pistols, Ramones, The Exploited

Punk

Reggae...
entstand aus dem schnelleren Ska (bis in die 30er zurückverfolgbar) 1966 in den Ghettos Jamaikas.

Philosophie
Antirassismus, Religion, Straßenpolitik, Naturbezogenheit

mögliche Probleme
Kommerz

Aktivitäten
Bongo-Spiel, Fußball, Tanz

Musikgruppen
Bob Marley, Peter Tosh, Third World

Reggae

Grunge

Grunge...
entwickelte sich in der Mitte der 70er
Jahre aus dem amerikanischen Rock in
Seattle.

Philosophie
Problembezogenheit, Gegenpol zur
Kommerzgesellschaft

mögliche Probleme
No Future, Absturz aus der Gesellschaft

Aktivitäten
Fogo, Instrument spielen, Abhängen

Musikgruppen
Nirvana, Pearl Jam, Alice in Chains

Skatepunk...
entstanden aus dem ursprünglichen englischen
Punk Mitte der 80er an der Westküste Amerikas
(melodischer).

Philosophie
Spaß, Jugendprobleme

mögliche Probleme
Teilweise Gewalt, Oberflächlichkeit

Aktivitäten
Skateboarden, Snowboarden, Surfen, Pogo, Video

Musikgruppen
Pennywise, Millencollin, Rancid, Venerea

Skater

Wollmützen, Markenturnschuhe, Sweatshirt, Kapuzenshirts. Zu ihren Lieblingssportarten zählen Streetball, Skateboard- und Snowboardfahren.

Jugendliche, die nicht in das Bild der Raver oder Hip Hoper passen, weil sie verfilzte Haare, Dreadlocks oder Rastas tragen, könnten Anhänger der guten alten **Reggae-Music** oder auch des Independent sein. Große Unterschiede zwischen diesen Richtungen bei der Wahl der Kleidung gibt es hier nicht, außer daß die Liebhaber von Bob Marley & Co. mindestens ein rot-gelb-grünes Bändchen am Handgelenk oder im Haar tragen. Ansonsten besteht weder der Rastaman, noch der „Unabhängige" auf Markenklamotten. Alte Jeans, ausgeleierte, selbstgestrickte Pullover oder einfache T-Shirts tun es schließlich auch, wenn man mit Freunden um die Häuser zieht.

Andere wiederum haben sich auf die Musikrichtungen ihrer Eltern oder Großeltern spezialisiert. Ihre Idole sind Elvis Presley, Boney M oder ABBA. Während die einen kiloweise Pomade verbrauchen, um ihre Tolle zum Stehen zu bringen, kramen die anderen Mutters Schlaghosen aus den längst verstaubten Truhen.

Die **Punks** oder auch Punkrocker machen sich wenig aus gesellschaftsfähigen „Trachten". Politisch sind sie linksorientiert, was an ihren Buttons, den Symbolen auf ihren Kleidungsstücken und in den Liedtexten augen- bzw. „ohrenscheinlich" wird. Zu erkennen sind sie an meist schwarzen Doc-Martens-Stiefeln, litfaßssäulen-

artigen Hosen – zwar nicht so groß und breit, dafür aber mit viel Text – und an abgetragenen, mit Schlagwörtern besetzten Jeans-oder Lederjacken.

Natürlich lassen sich nicht alle Jugendlichen über ihren Kleidungsstil einer Musikrichtung zuordnen. Es gibt viele House-, Hip Hop- oder Punkliebhaber, die solider und weniger experimentierfreudig gekleidet sind. Zu diesen zählen unter anderem auch jene, die Popmusik bevorzugen oder sich an den Top-Ten orientieren. In ihrem Kleiderschrank befinden sich neben der guten alten Jeans oft nur praktische Sweatshirts und bequeme T-Shirts. Mit Markenbewußtsein trotzdem günstig einkaufen, daß ist ihre widersprüchliche Eigenschaft.

Ausnahmen bestätigen die Regel – nicht jeder, der gerne „oversized-Hosen" trägt, hört ausnahmslos Hip Hop. Diese Zwei-Mann-Zelte werden ebenso gerne von Ravern oder „Normalos" angezogen. Somit ist es nicht immer einfach, Jugendliche ihrer Kleidung nach in eine bestimmte Musikrichtung einzuordnen.

Wenn alle oder zumindest die meisten behaupten, sie lassen sich nicht von angesagten Trends und der Werbung beinflussen, fragt man sich, warum jeder dritte Skater die selben Schuhe trägt und warum gerade High-Heels, die eben erst ins Regal geräumt wurden, schon wieder ausverkauft sind. Es gelingt den wenigsten, die zahlreichen Plakate, Anzeigen oder Werbespots zu ignorieren. Selbst bei der Betrachtung von CD-Covers oder Videoclips der populären Bands wird der Betrachter unbewußt beeinflußt.

Die Jugendzeit ist keine Schonzeit

Weder die Familien- noch die Jugendsoziologie schenkt dem spannenden Thema Jugend und Familie – verglichen mit dem Stand der Forschung über das Thema Kind und Familie - besondere Beachtung. Für die Werbung ist „die Jugend" zwar als Marktsegment mit einer spezifischen Kaufkraft interessant, für die meisten Erwachsenen bleibt sie aber weiterhin ein Rätsel. Nur zu gerne greift die ältere Generation auf pauschale Urteile zurück: Die Jugend ist unpolitisch, hedonistisch und wertevergessen, um nur einige Beispiele zu nennen. Eine Studie aus dem Jahr 1993 belegt das Gegenteil: Die Soziologen waren vor allem über die hohen ethischen Maßstäbe bei der Beurteilung des eigenen und fremden Handelns der Jugendlichen verblüfft. Die Eingangsfrage: „Was ist eigentlich mit der Jugend los?", warf nach Auswertung der Studie eine neue Frage auf: „Was ist eigentlich mit der Gesellschaft los?" fragen die Jugendlichen, „in der ethischer Minimalismus, Egoismus und Geldverdienen das Gebot der Stunde zu sein scheint?"

Natürlich ist die Spanne zwischen dem Erreichen der Reife und dem Zeitpunkt, in dem die sozialen und finanziellen Voraussetzungen für ein „elternunabhängiges" Leben und eine feste Partnerbeziehung gegeben sind, in jeder Generation problemgeladen gewesen. Aus diesem Status heraus – nicht mehr Kind aber auch nicht gleichberechtigt Erwachsener - ergibt sich eine für viele Jugendliche schwierige Konstellation.

Was ist eigentlich mit der Jugend los?

Hinzu kommt, daß die enorme Expansion des gesamten Bildungswesens und des Konsum- und Freizeitbereiches seit Beginn der 60er Jahre für Jugendliche Verhaltensspielräume geöffnet hat, die einst nur den mittleren und oberen Schichten zugänglich waren. Während vorher auf traditionelle Muster für die eigene Biographie zurückgegriffen werden konnte, ist heute eine Vereinheitlichung der Jugendphase, eine schicht- und klassenspezifische Neutralisierung

Was ist eigentlich mit der Gesellschaft los?

durch jugendspezifische Konsumartikel und Gebrauchsgegenstände einem einheitlichen Lebensstil und Freizeitgewohnheiten unübersehbar.

„Die Jugend" an sich gibt es deswegen trotzdem nicht. Durch die gesellschaftlichen Umbrüche treten immer mehr individuelle Entscheidungen und Wahlmöglichkeiten an die Stelle von traditionellen Lebenswegen. Heute tritt der Sohn eines Maurermeisters nicht unweigerlich in dessen Fußstapfen. Es kann sein, daß er studiert, um später Chefarzt zu werden, oder als liebevoller Hausmann seine Kinder versorgt.

Jugendliche, deren Berufswunsch eine lange Ausbildungszeit voraussetzt, erleben oftmals die Zeit der Ausbildung als einen nie enden wollenden, frustrierenden Schwebezustand. Andere nutzen ihn als Chance, um verschiedene Alternativen auszuprobieren und sich so gewißheit über Neigungen und Interessen zu verschaffen.

Doch Jugendzeit ist keineswegs „Schonzeit". Die Jugend ist eine Zeit des Übergangs. Ein Blick auf die Statistik zeigt, daß vor allem die zunehmende Gewaltbereitschaft im privaten als auch öffentlichen Raum (beispielsweise in der Familie oder Schule) keinen Schon- und Freiraum mehr für Jugendliche bietet.

Doch nicht nur äußere, gesellschaftlich bedingte Veränderungen verunsichern die heutigen Jugendlichen, genauso schwerwiegend sind die inneren Neuerungen, die sich mit dem Beginn der Pubertät auf den Körper und die Seelenstruktur auswirken. Unser nächstes Kapitel beleuchtet die biologischen und psychologischen Veränderungen, denen ein Jugendlicher in dieser turbulenten Phase ausgesetzt ist.

Pubertät = Puberterror im Körper

Der körperliche Reifungsprozeß bei Mädchen und Jungen

So verändert sich der Körper:

Kein Lebewesen darf so lange Kind sein wie der Mensch. Doch alle Dinge haben einmal ein Ende: und dann kommt sie- die Pubertät. Die Pubertät (von lateinisch pubertas ›Geschlechtsreife‹) ist die komplizierte und oft schmerzvolle Entwicklungsphase zwischen sonniger Kindheit und verantwortungsvollem Erwachsensein. Dabei geraten nicht nur die Hormone ganz schön durcheinander.

Ausgelöst wird die Pubertät durch das Erreichen eines bestimmten Reifegrades des Hypothalamus. Dieser unter dem Hauptteil des Zwischenhirns liegende Teil des Gehirns gibt gewissermaßen den Startschuß. Bei Jungen erhalten die Hoden den Befehl, Testosteron zu produzieren, bei Mädchen starten die Eierstöcke mit der Produktion des weiblichen Sexualhormons Östrogen. Die zentrale Steuerung erfolgt über die Hormone des Hypophysenvorderlappens (auch Hirnanhangdrüse). Die ersten Zeichen der Pubertät zeigen sich bei vielen Kindern schon Jahre bevor sie richtig losgeht: Bereits sieben- bis achtjährige Mädchen und Jungen haben einzelne Schamhaare. Die eigentliche Pubertät beginnt bei Mädchen wesentlich früher als bei Jungen. Im Vergleich zu ihren männlichen Altersgenossen haben Mädchen einen Entwicklungsvorsprung von rund zwei Jahren. Mit der Entwicklung der Geschlechtsreife bei Mädchen (11. bis 15. Lebensjahr) und Jungen (13. bis 16. Lebensjahr) ist die erste Phase der Pubertät überstanden.

Hormone

(zu griech. horman ›in Bewegung setzen, antreiben‹) Hormone sind Wirkstoffe, die von den Drüsen gebildet werden und in den abgelegensten Winkeln des Menschen wirken. Ohne sie geschieht fast nichts im Körper.

Insgesamt dauert die körperliche Pubertät knapp fünf Jahre, die seelische meist länger. Der körperliche Reifungsprozeß (siehe Überblick) ist eng mit dem psychischen Reifungsprozeß, der zweiten Phase der Pubertät, verbunden. Dabei ist zu beachten, daß die soziale Reife meist wesentlich später erreicht wird als die körperliche und sexuelle, denn diese ist von vielen verschiedenen Faktoren abhängig. Die soziale Umwelt spielt dabei natürlich eine große Rolle.

Tempo
Jedes Mädchen und jeder Junge hat sein persönliches Entwicklungstempo.

Gegen Ende des zweiten Lebensjahrzehnts ist die dritte oder „Konsolidierungsphase" der Pubertät dann abgeschlossen.

diese körperlichen veränderungen sind für mädchen charakteristisch:

Wenn sich zwischen dem 10. und 15. Lebensjahr die Proportionen zu ändern beginnen und Ihr Kind in die Höhe schießt, hat der **Wachstumsschub** eingesetzt. Die relative Kopfhöhe nimmt ab und die Beine werden länger. Die Hüfte wird dabei breiter und die Taille schmaler. Weil durch den Wachstumsschub der **Blutdruck** schon im Sitzen zwischen 90/60 und 130/80 schwanken kann, sind Mädchen (wie Jungen) mal blaß, mal haben sie einen hochroten Kopf.

Die Entwicklung der **Brüste** (8. - 13. Lebensjahr, Mittelwert 10,7 Jahre) ist meist das erste Anzeichen der Pubertät. Die Größe wird anlagebedingt durch den Drüsenkörper und Fettansammlungen bestimmt. Ein schöner BH ist fällig!

Die **Schmerzempfindlichkeit** steigt. Heranwachsende Mädchen sind wehleidig und klagen öfter über „Stiche" in der Brust.

Die **Scham-** (9 bis 12 Jahre), **Achsel-** und **Körperbehaarung** (10 bis 13 Jahre) beginnt zu wachsen.

Zwischen dem 10. und 13. Lebensjahr setzt ein **Ausfluß** aus der Scheide ein, der mit dem Einsetzen der Periode schwächer wird, jedoch nicht ganz aufhören sollte.

Durch die Entwicklung der **Schweißdrüsen** (12. bis 15. Jahr) beginnt die Bildung von Achselschweiß. Jetzt ist ein gutes Deo gefragt.

In der **Haut** wird besonders viel Talg produziert. Viele Mädchen bekommen Akne.

Mit dem Einsetzen der **Periode** zwischen dem 10. und 16. Lebensjahr wird Ihr Mädchen zur „richtigen" Frau.

Völlig normal ist in der Pubertät der auffällige **Gang:** Einige Mädchen laufen schleichend-zögerlich (eventuell läßt sich das mit einem neuen Paar Schuhe beheben).

Wie steht es mit dem **Babyspeck**? Generell gilt für Mädchen und Jungen die Faustregel: Wer mit dem Beginn der Pubertät dick geworden ist, hat gute Aussichten, das Übergewicht zu deren Ende zu verlieren. Wer übergewichtig in die Pubertät eintritt, verläßt diese auch mit Übergewicht.

Periode

Sprechen Sie mit Ihrer Tochter über Möglichkeiten der Monatshygiene.

diese körperlichen veränderungen sind für jungen charakteristisch:

Der **Wachstumsschub** setzt gewöhnlich zwischen dem 12. und 13. Lebensjahr ein. Die Proportionen ändern sich augenscheinlich: Die relative Kopfhöhe nimmt ab und die Beine werden dafür um so länger. Auch die Schulterbreite nimmt stark zu. Keine Sorge: Das verwächst sich wieder (vgl. Mädchen).

Appetit

Während der Pubertät kann der Appetit bei Jungen und Mädchen erheblich wachsen. Jugendliche können plötzlich Berge von Essen vertilgen

Bei vielen Jungen schwellen die **Brüste** an, die Brustwarzen vergrößern sich und werden dunkler, manchmal nur auf einer Seite, meistens jedoch beidseitig. Da sich Kinder deshalb schämen, sollten sie beruhigt werden: Nach 12 bis spätestens 18 Monaten ist es „geschafft".

Die **Schmerzempfindlichkeit** steigt. Heranwachsende sind wehleidig und klagen öfter über „Stiche" in der Brust.

Zwischen dem 9. und 15. Lebensjahr beginnt der **Hoden** zu wachsen und die Haut des Hodensacks nimmt eine dunklere Farbe an.

Der **Penis** wird länger und dicker (9. bis 16. Lebensjahr). Einige Jungen, besonders wenn sie pummelig sind, grämen sich darüber, daß ihr Penis winzig klein erscheint. Das ist kein Grund zur Sorge: Fast immer holt der Penis an Größe auf. Vermeiden Sie peinliche Fragen oder Bemerkungen.

Der **Samenerguß** (Ejakulation) setzt ungefähr ein Jahr nach dem Beginn des Wachstums des Penis ein (13. bis 14. Lebensjahr). Anfangs enthält das Ejakulat zwar noch kein Sperma, ein Gespräch über Empfängnisverhütung (Kondome) ist trotzdem fällig.

Keine Panik! Die Entwicklung der **Körperbehaarung** setzt individuell je nach Veranlagung ein. Als vage Richtlinien gelten für die Schambehaarung das 11. bis 12. Lebensjahr, für die Körperbehaarung sowie den Bartwuchs das 13. bis 15. Lebensjahr. Schenken Sie Ihrem Sohn ein schönes Rasierset.

Durch die Entwicklung der **Schweißdrüsen** (12. bis 15. Jahr) beginnt die Bildung von Achselschweiß. Der strenge Geruch (besonders bei Jungen) entsteht durch die verstärkte Produktion von Hormonen. Er bildet sich erst im Alter zwischen 18 und 19 Jahren wieder zurück. Jetzt ist ein gutes Deo notwendig.

In der **Haut** wird besonders viel Talg produziert. Viele Jungen bekommen Akne.

Der **Stimmbruch** beginnt ungefähr zwischen dem 13. und 16. Lebensjahr. Schon ein Jahr vorher vergrößert sich der Kehlkopf und der Adamsapfel wächst. Spätestens jetzt sollten Sie Ihren Sohn vom Tölzer Knabenchor abmelden.

Völlig normal ist der staksige, kraftvoll-ungraziöse **Gang** eines Jungen in der Pubertät.

Wenn sich bei Ihrem Kind schon vor dem 8. Lebensjahr körperliche Anzeichen, die für die Pubertät charakteristisch sind, zeigen, bzw. bis zum 15. Lebensjahr keine Anzeichen zu erkennen sind, sollten sie einen Arzt konsultieren.

Die Jugendsprechstunde

Wußten Sie, daß es eine Jugend- und Teenager-Sprechstunde gibt? Ist Ihr Kind noch klein, ist es sicher ärztlich gut versorgt. Doch wenn aus dem lieben Kleinen ein Teenager geworden und erstmals pubertätsspezifische Fragen und eventuell Probleme auftauchen, wächst mit dem Jugendlichen die Unsicherheit: Welcher Arzt ist der richtige? Der Hausarzt, den auch die Eltern zu Rate ziehen oder der vertraute Kinderarzt?

Das körperliche und seelische Wohlbefinden der Jugendlichen läßt zu wünschen übrig - dies belegen die neuesten Forschungsergebnisse. Der renommierte Soziologe und Public-Health-Forscher Professor Hurrelmann stellt in seiner jüngsten Studie eine deutliche Zunahme von psychosomatischen und chronischen Erkrankungen im Jugendalter fest. Viele Jugendliche haben beispielsweise Probleme mit der Haltung und leiden an Entwicklungsstörungen. Hinzu kommen für den Jugendlichen die unbeantworteten Fragen zum Thema Sexualität und zu den – für viele erschreckenden – Veränderungen, die sich am eigenen Körper bemerkbar machen.

Im Vorsorgeprogramm zwischen der letzten Kinderuntersuchung im 5. Lebensjahr (die U 9, erinnern Sie sich?) und dem Gesundheits-Check-Up ab dem 35. Lebensjahr klafft eine riesige Lücke.

Im Oktober 1994 wurde deshalb erstmals in Zusammenarbeit mit den Krankenkassen eine Jugendgesundheitsberatung im 13. Lebensjahr initiiert, die sogenannte J 1. Sie dient vor allem der präventiven Betreuung von Jugendlichen, stellt gesundheitliche Probleme fest und

Krankheiten bei Jugendlichen nehmen zu.

dokumentiert die körperliche Entwicklung von Jugendlichen. In einem Gespräch werden die Fragen der jungen Leute rund um die körperliche und seelische Entwicklung in der Pubertät beantwortet.

Oft ist der Arzt ideale Anlaufstelle für Fragen und Probleme, die der Jugendliche mit der Eltern nicht offen besprechen kann. Ängste sollen durch gezielte Information abgebaut werden. Außerdem bieten die Ärzte konkrete Hilfe an, um eventuelle gesundheitsgefährdende Verhaltensweisen zu beeinflussen. Themen wie Hygiene, Sexualität, Verhütung und Schulprobleme werden dabei genauso angesprochen wie die gesamte Suchtproblematik. Natürlich kommt der damit verbundenen Eigenverantwortlichkeit eine bedeutende Rolle zu.

Die Jugendgesundheitsberatung, die vor allem Kinder- und Jugendärzte anbieten, wird von den Jugendlichen sehr begrüßt. Mit der J 1 kann eine Verbesserung der Gesundheit von Jugendlichen durch maßgeschneiderte Frühtherapie erzielt werden.

Ein Problem ist derzeit noch die Finanzierung dieser Beratung. Der Berufsverband der Ärzte für Kinderheilkunde und Jugendmedizin und viele ärztliche Gruppierungen kämpfen um den Fortbestand dieser Untersuchung.

Wußten Sie, daß Ärzte oft spezielle Sprechstunden für Jugendliche anbieten? Sie richtet sich an Jugendliche, die sich in der normalen Sprechstunde beim Kinderarzt zwischen all den schreienden Rotznasen nicht mehr wohl fühlen, aber auch nicht zu einem Arzt gehen möchten, der hauptsächlich Erwachsene behandelt. Deswegen ist das Informationsangebot in der Jugendsprechstunde extra auf Teenager abgestimmt.

Wenn ein Jugendlicher unter Bauch- oder Kopfweh leidet oder Herzbeschwerden hat, dann hat das oft ganz andere Ursachen als bei einem Erwachsenen. Der Arzt untersucht dabei nicht nur den Körper, sondern erkennt auch seelische Probleme, die mit den Veränderungen in der Pubertät zusammenhängen. Also etwa Minderwertigkeitsgefühle, weil der Busen oder Bart noch nicht wächst.

Welcher Arzt dabei der richtige für sie ist, sollten die Jugendlichen selber entscheiden. Doch oft werden sie durch mangelnde Information über das genaue Angebot der Beratung davon abgehalten, einen Arzt aufzusuchen. Einige haben sicher auch Angst, daß die Eltern in das Gespräch mit einbezogen werden.

Versuchen Sie doch, Ihre Tochter/Ihren Sohn vom Sinn der Vorsorge-Untersuchung zu überzeugen. Erkundigen Sie sich aber vorab bei Ihrem Kinderarzt oder Ihrer Krankenkasse nach der Finanzierung, denn diese ist leider noch nicht überall einheitlich geregelt. Den letzten Schritt muß Ihre Tochter/Ihr Sohn dann alleine gehen, indem sie/er ein Vertrauensverhältnis zum Arzt aufbaut.

Eines zeigt die Jugendgesundheitsberatung: Eltern und Jugendliche sind nicht alleine auf dem Weg durch die heiße Phase der Pubertät!

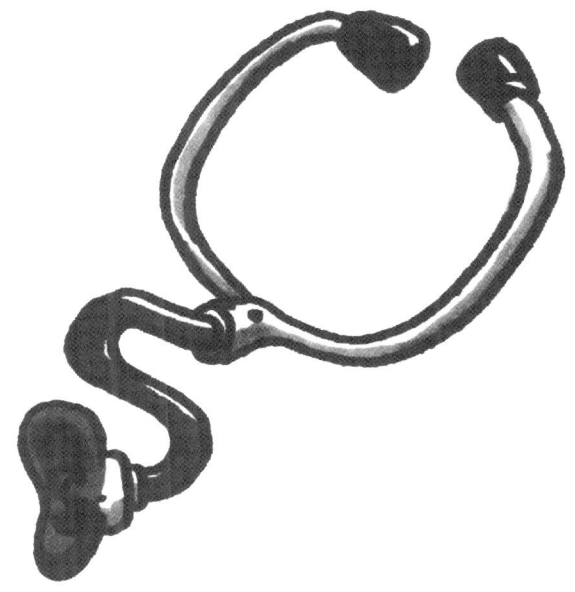

Die Entwicklung der Identität

Identität

(lat. ›derselbe‹).
Die völlige Über-
einstimmung einer
Person oder Sache
mit dem, was sie
ist oder als was sie
bezeichnet wird.

Neben den körperlichen Veränderungen ist die psychi-
sche Entwicklung während der Reifezeit von sehr großer
Bedeutung, dreht sich in ihr doch alles um die Suche nach
einem neuen, eigenen Selbstverständnis. Und das ist natürlich durch zahlreiche Widersprüche gekennzeichnet.

Aufgrund des Spannungsverhältnisses zwischen kör-
perlich bedingten Veränderungen und dem weitgehend noch
nicht geordneten Sozial- und Geschlechtsleben ist die
Pubertät die Phase seelisch-geistiger Unausgeglichenheit.
Im Verhalten zeigen sich leicht hervorrufbare starke
Erregtheit, Ambivalenz der Gefühle, Protesthaltung (vor
allem gegenüber der Erwachsenenwelt) und soziale
Orientierungsschwierigkeiten.

In der Jugendphase erwirbt das Individuum die
Voraussetzungen für selbständiges Handeln in allen gesellschaftlichen Teilbereichen. Wichtigstes Ziel der Adoleszenz
ist die Entwicklung der sogenannten „Ich-Identität" und
„Ich-Autonomie". Während manche Jugendliche die Phase
zwischen Kindheit und Erwachsensein problemlos durch-
laufen, kann es in schwierigeren Fällen sogar zu dramati-
schen Auseinandersetzungen mit der äußeren Umwelt kommen. Doch erst durch diese krisenhafte Auseinandersetzung
mit dem eigenen „Ich", dem kulturellen Wertesystem der
Eltern und der direkten Lebensumwelt, entfaltet sich die
ganze Identität des Jugendlichen.

Während für das Baby- und Kleinkindalter zahlreiche
Bücher detailliert Auskunft über zu erwartende Fortschritte
geben und Eltern begeistert vom ersten Lachen, von den
ersten Zähnen und dem ersten selbständigen Gang auf das

Töpfchen berichten, sind Sie sicher noch keinen Eltern begegnet, die Ihnen freudestrahlend verkündeten: „Mein Kind stellt alle Werte, die ich ihm bis jetzt mühsam vermittelt habe, in Frage und schafft sich sogar eigenständig neue." Vielmehr heißt es: „So etwas trotzköpfigem, mürrischem, eigenbrötlerischem wie meiner Tochter / meinem Sohn bin ich noch nie begegnet."

Während die Eltern vom kleinen Kind bedingungslos akzeptiert, sogar bewundert wurden, stürzt in der Pubertät das Elternbild in sich zusammen, die Eltern werden nun überkritisch begutachtet. Doch gerade die Fähigkeit, sich von den Eltern abzulösen und ein eigenständiges Selbstbild zu kreieren, ist ganz natürlich, auch wenn Sie in Ihrer Elternfunktion das eine oder andere Verhalten nicht tolerieren mögen. Auf der Suche nach dem idealen Ich werden

Jugendphasen im historischen Vergleich

1910	Kindheits-alter		Erwachsenenalter					
1950	Kindheits-alter	Jugend-alter	Erwachsenenalter				Ruhe-stands-alter	
1990	Frühes Spätes Kindheits-alter	Jugend-alter	Nach Jugend-alter	Erwachsenenalter		Spätes Erwachsenen-alter	Ruhe-stands-alter	
2030	Frühes Spätes Kindheits-alter	Frühes Spätes Jugend-alter	Nach Jugendalter	Frühes Erw.-alter	Erwachsenen-alter	Spätes Erwachsenen-alter	Ruhe-stands-alter	Senioren-alter

	15	30	45	60	75	85

weltanschaulich-religiöse, politische und ethische Wertvorstellungen kritisch unter die Lupe genommen.

Erst in der späteren Jugendphase pendelt sich das Verhalten wieder auf eine realistischere Wahrnehmung der Eltern und der sozialen Umwelt ein. Den meisten Jugendlichen sollte es dabei glücken, die Bindung zu den Eltern aufrechtzuerhalten und sogar weiterzuentwickeln und ein selbständiges, elternunabhängiges Leben zu führen.

Das Ende der Jugend als Lebensabschnitt ist wesentlich schwieriger zu bestimmen als sein Beginn mit dem Einsetzen der Geschlechtsreife. Gemeinhin gilt die Jugendphase als abgeschlossen, wenn der Mensch seine persönliche und soziale Identität gefunden hat. Doch die ökonomische Selbständigkeit durch die Ausübung eines Berufes, gekoppelt mit einem eigenen Einkommen und der sozialen Selbständigkeit, beispielsweise durch die Gründung eines eigenen Haushaltes oder sogar einer eigenen Familie, bedeuten noch nicht, daß die Lebensphase Jugend abgeschlossen wurde. Viele Jugendliche sind während und nach der Ausbildung auf das Geld ihrer Eltern angewiesen.

Eins darf man bei unserer Betrachtungsweise nicht außer acht lassen. Auch Erwachsene handeln manchmal sehr unreif. Denn die Vollreife ist kein Besitz, den man einmal „erwirbt" und bis ans Lebensende beibehält.

Unser Überblick auf den nächsten Seiten zeigt Ihnen stichpunktartig die einzelnen Entwicklungsstufen und ihre Folgen für den Jugendlichen und seine Familie auf.

Jugendlichkeitswahn

Unreife Eltern bieten ihren Kinder keine vorbildhafte Identifikationsmöglichkeit. Eltern sollten ihren Kindern vorleben, was Erwachsensein bedeutet und ihre Konflikte untereinander aushandeln.

Jetzt geht's los
Die erste Phase der Pubertät 11 - 14 Jahre

Entwicklung im Überblick	Folgen für den Jugendlichen	Folgen für die Familie
Hilfe, mein Körper verändert sich	Schüchternheit und Gehemmtheit	Eltern halten ihr Kind für egozentrisch
Hormone fließen durch die Adern	Eigensinnigkeit; das Verhalten wird launenhaft, z. T. sogar aggressiv (vor allem bei Jungen)	Probleme, mit dem Verhalten gelassen umzugehen; Aggressivität
„Ich will meine Unabhängigkeit" – Die Entwicklung der eigenen Persönlichkeit beginnt	Identitätssuche über gewagte Kleidung; „motzige" Sprache und Benehmen	Eltern fühlen sich abgelehnt; akzeptieren das Streben nach Unabhängigkeit nicht
Rebellion und Eigensinn	Rotzfreches Benehmen ohne Rücksicht auf Verluste; Forderung nach mehr Freiheit und Verantwortung	Toleranz muß eingeübt werden; Eltern haben Probleme die Zügel zu lockern
„My generation – Wir sind nun einmal so"	Legitimation des Verhaltens unter Berufung auf Freunde, die als einzige Norm gelten	Eltern müssen mit Kritik an ihrer Person rechnen, da sie mit anderen Erwachsenen verglichen werden
„Ich bin mit meiner Clique unterwegs"	Starke Identifikation mit der Clique durch Musikgeschmack, Styling (Kleidung, Frisur, Piercing)	Angst der Eltern vor der „Rudelmentalität" ihres Kindes; finanzielle Forderungen werden selten akzeptiert
„Das ist ungerecht", eindimensionales Denken; Kompromißlosigkeit im Urteilen	Khomeini mag dagegen tolerant erscheinen; Unfähigkeit Kritik anzunehmen, Kompromisse einzugehen; evtl. Streit mit Geschwistern	Eltern müssen lernen, daß ihr Kind die Welt stark ich-bezogen interpretiert und sich permanent diskriminiert fühlt

Es wird noch schlimmer
Die zweite Phase der Pubertät 15–16 Jahre

Entwicklung im Überblick	Folgen für den Jugendlichen	Folgen für die Familie
Die Schüchternheit und Gehemmtheit klingt ab	Kontaktfreudigkeit nimmt zu	Scheu gegenüber elterlichen Freunden nimmt ab
Mehr Entgegenkommen; Reduzierung der Ich-Bezogenheit	Eigensinnigkeit läßt nach; Aufgeschlossenheit und Interesse an anderen Lebensauffassungen	Der Teenager wird erträglicher, ein Zusammenleben scheint wieder möglich zu sein
Aufbau eines eigenen Moralsystems und eigener ethischer Werte und Verhaltensnormen	Tradierte familiäre Normen und Anschauungen werden angezweifelt/negiert	Problematisch, wenn der Jugendliche die Anschauungen der Eltern komplett verwirft
Fähigkeit zu eigenem Denken und angemessenem Urteilen	Urteilskraft nimmt zu; starkes Mißfallen an elterlichen Interventionen; Widerstand gegen jegliches Einmischen, auch Freunde verlieren an Macht	Sie müssen lernen, Ihrem Kind zu vertrauen und die Kontrolle abzubauen
Auf der Suche nach dem wahren Ich	Einstellungen können sich wöchentlich ändern; das wechselnde Outfit hilft bei der Persönlichkeitsfindung	Es besteht die Gefahr, die Veränderungen und die Unbeständigkeit allzu ernst zu nehmen
Suche nach neuen Erkenntnissen, dabei werden Grenzen ausgelotet und einiges riskiert	Spätestens jetzt wird die erste Zigarette geraucht und Alkohol getrunken	Informieren Sie sich über die Gefahren, bleiben Sie im Dialog mit dem Jugendlichen

Entwicklung im Überblick	Folgen für den Jugendlichen	Folgen für die Familie
Vom Bungee-Jumping zum Roller-Bladen: Hobbys werden jetzt definiert	Selbstüberschätzung kann böse Folgen haben, da sich junge Menschen für unverwundbar halten	Eltern laufen Gefahr, sich zum Gegenspieler ihres Kindes zu machen, indem sie gefährliche Hobbys versuchen zu verbieten
Die Leidenschaft für Kunst, Musik und Literatur entwickelt sich	Selbstbestätigung durch neue Kenntnisse, eventuell leidet die Schule unter den neuen Interessensgebieten	Eventuell können Eltern nicht jede Leidenschaft rational nachvollziehen
Der/die Busenfreund/in wird entdeckt	Die Familie verliert an Bedeutung, der Schwerpunkt der sozialen Kontakte verlagert sich auf den Freundeskreis	Oft wähnen Eltern ihre Kinder in "schlechter Gesellschaft"
Intime Beziehungen zum anderen Geschlecht sind möglich; die eigene Sexualität und völlig neue Gefühle werden wahrgenommen	Das erste Rendezvous steht vor der Tür, die erste "Beziehung" muß aber nicht von Dauer sein; der Jugendliche zieht sich gerne in seine Privatsphäre zurück	Eltern mischen sich durch ein Übermaß an Fürsorge in die Angelegenheiten ihres Teenagers ein
Talente zeichnen sich ab (Kunst, Naturwissenschaft, Sprachen)	Manchen Jugendlichen wird schon frühzeitig keine Chance eingeräumt, ihre Begabungen zu entwickeln	Eltern versuchen zu manipulieren, da sie voreilig Schlüsse über den Intellekt ihres Zöglings ziehen
Abstraktes Denken und der Intellekt entfalten sich, die Welt wird objektiver und mit Neugier und Interesse betrachtet	Der Jugendliche hinterfragt die Welt, er akzeptiert nicht mehr automatisch die elterlichen "Gesetzmäßigkeiten", sondern streitet um seinen Standpunkt	Für Eltern ist das "die" Chance, ihr Kind kennenzulernen und mit ihm die Welt neu zu entdecken; mit dem Teenager bleiben Sie selber jung!

Bald ist's vorbei
Die dritte Phase der Pubertät 17 18 Jahre

Entwicklung im Überblick	Folgen für den Jugendlichen	Folgen für die Familie
Fähigkeit zu einer stabilen Partnerschaft	Der/die feste Freund/in (sofern vorhanden) nimmt viel Zeit in Anspruch	Die Eltern haben Angst vor einer zu frühen Bindung und davor, daß die Schulleistungen deswegen absinken
Eintreten für Ideale; intensives soziales, berufliches und persönliches Engagement außerhalb der Familie	Der Jugendliche sympathisiert mit einer politischen Partei/ideologischen Orientierung, eventuell sogar einer bestimmten Glaubensrichtung	Die Eltern akzeptieren nicht die politische/religiöse Orientierung ihres Kindes und leiden darunter, daß der Jugendliche ihre „Ideale" ablehnt
Der Jugendliche fühlt sich von den Eltern selbst als Erwachsener anerkannt	Der Jugendliche muß lernen neue Verantwortung zu übernehmen und mit außerfamiliären Anforderungen zurechtzukommen	Für Eltern beginnt ein neues Zeitalter, denn der Urlaub kann wieder alleine geplant werden; der ausgeprägte Schutzinstinkt quält sie dennoch
Neue Wege zur emotionalen und ökonomischen Unabhängigkeit werden beschritten	Einige Teenager überschätzen sich, altkluges Verhalten kompensiert Lücken	Eltern fühlen sich überheblich behandelt und reagieren aggressiv
Das Selbstvertrauen ist entwickelt. Der Jugendliche kann auf eigenen Füßen stehen	Zukunftsangst und Selbstüberschätzung sind möglich	Ein strukturelles Ungleichgewicht prägt die Beziehung: Finanziell werden die Eltern weiter gebraucht, während sich die emotionale Bindung lockert
	Vielleicht wird der Traum von den eigenen vier Wänden wahr	Die Eltern-Kind-Beziehung wird neu definiert, wenn die Kinder das Haus verlassen haben

Dürfen wir auch 'mal was sagen?

„Das Dumme an der heutigen Jugend ist,
daß man nicht mehr dazugehört."

Salvador Dali

Die Jugend

Egal, wen man zum Thema Jugend befragt, jede Jugend ist anscheinend die unkritischste, unpolitischste, unsozialste, unmotivierteste... um nur einige Stichworte zu nennen. Sie glauben uns nicht? Dann fragen Sie doch einfach sich selbst, Ihre Obsthändlerin, Ihren Vermieter, Ihre Zahnärztin oder Ihren Nachbarn in der U-Bahn. Fast alle sind sich einig, so schlimm war es noch nie um die Jugend bestellt bzw. die Jugend ist auch nicht mehr das, was sie einmal war. Die heutige Jugend hält sich natürlich – wie übrigens jede Jugend – für einzigartig und noch nie dagewesen. Irgendwo zwischen diesen zwei Polen läßt sich der einzelne Jugendliche womöglich orten. Lassen wir ihn doch einfach selber zu Wort kommen:

Laut einer 1992 durchgeführten Jugendstudie sind Ausbildungs-, Studien- oder Arbeitsplätze, Erfolg im Beruf sowie persönliches Glück in Partnerschaft und Familie die Hauptwünsche junger Menschen.

Teenager sein heißt...

T räume zu leben
E rlebnisse zu haben
E rfahrungen zu sammeln
N euland zu betreten
A usgeflippt zu sein
G eschlechtsreif zu werden
E rwachsen zu werden
R uhelos zu sein

Ricarda, 17 Jahre

Zukunft oder No future?

Unsere Ängste beschäftigen uns wohl täglich, wenn wir die Nachrichten aus Politik und Umwelt hören. BSE, AIDS, Ozonloch, Arbeitslosigkeit, Drogen, schon wieder eine neue Ölkatastrophe – lohnt es sich überhaupt erwachsen zu werden? Ist man zu egoistisch, um davon zu träumen später eine Familie gründen zu wollen? Hoffnungen und Träume? Wir wollen einmal alles anders machen als unsere Eltern, als die amtierenden Politiker. Wir wünschen uns Weltfrieden, eine saubere Umwelt, keine Angst haben zu müssen beim Verzehr von Koteletts, Liebe ohne Furcht vor AIDS, niemals einsam zu sein oder regungslos daliegen zu müssen, um auf einen erlösenden Tod zu warten. Trotzdem schauen wir mit Freude in unsere Zukunft. Wir möchten unser Ziel erreichen, reisen, Erfolg haben und glücklich sein.

Peter, 17 Jahre

Freuden eines Teenagers:

- Ich bin jung und kann die Freuden des Lebens noch genießen
- Ich habe noch Träume
- Ich muß mich noch nicht für einen Lebensstil entscheiden
- Manchmal spiele ich „unerfahrener, kleiner Teenie"
- Ich habe keine Verantwortung gegenüber einer eigenen Familie, einem Arbeitgeber, dem Staat
- Ich muß mich nicht mit politischen Themen auseinandersetzen
- Ich werde ernährt, eingekleidet und verwöhnt

- Ich kann mich täglich ändern
- Ich gehe zur Schule
- Ich bin noch kein „alter Knacker" und kann auf Parties gehen
- Ich kriege Ermäßigungen
- Ich kann gesetzlich nur beschränkt zur Verantwortung gezogen werden
- Ich bin fit
- Ich weiß was „cool" ist und was „so abgeht"

Philipp, 18 Jahre

Sorgen eines Teenagers:

- Ich habe Probleme mit mir selber (Aussehen, Image, Kleidung, Sexualität)
- Ich werde im Nachtleben, Elternhaus, von älteren Menschen und Jugendlichen als „klein" angesehen
- Ich habe Vorbilder, denen ich nicht gerecht werden kann
- Ich habe weniger Geld als meine Freunde
- Ich darf weniger als meine Freunde
- Ich habe Angst vor der Arbeitslosigkeit
- Ich scheitere bei meiner Imagesuche
- Ich habe Probleme mit meinen Eltern und Geschwistern
- Ich habe schulische Probleme
- Ich habe Probleme in der Clique
- Ich gehe zur Schule
- Ich vergleiche mich mit anderen und erkenne meine Nachteile
- Ich habe Probleme mit der Liebe/mit Beziehungen
- Ich komme nirgends 'rein
- Ich werde einerseits als unzurechnungsfähiger, kleiner

Teenie, andererseits als verantwortungsvoller, junger Erwachsener angesehen

* Ich komme mit meinen sozialen Verhältnissen nicht zurecht
* Ich gehöre einer Minderheit an
* Ich komme aus einer zerrütteten Familie (geschiedene Eltern/gleichgültige Eltern/zwielichtige Geschwister, alkoholabhängige Eltern)
* Ich habe ältere Freunde und bin deswegen immer die jüngste
* Ich habe Kontakt mit Gewalt, Drogen, Sekten, Verbrechen
* Ich trinke und rauche ohne das Wissen meiner Eltern
* Ich erfahre viel über die Probleme der Welt (Krieg/Kriminalität/Umweltzerstörung/Verkehr/Arbeitslosigkeit etc.) und erkenne, daß ich als Erwachsener mit diesen Problemen leben muß
* Ich habe körperliche Nachteile
* Ich besuche keine weiterführende Schule wie meine Freunde
* Ich kann mit dem Trend nicht mehr mithalten
* Erwachsene versuchen mir zu helfen, obwohl sie mich gar nicht verstehen

Susi, 17 Jahre

Ängste

16 % der ostdeutschen und 10 % der westdeutschen Jugendlichen nennen die Themen Ausländerfeindlichkeit, Rechtsradikalismus und Kriminalität als wichtiges persönliches Problem.

Jugendzeit

Die Jugendzeit ist die Zeit der meisten Freude und Ängste eines Menschen. Über diese Zeit werden sogar Bücher geschrieben. Erwachsene erinnern sich ihrer Jugendzeit. Die Jugendzeit ist wohl die am schwersten zu verstehende und veränderungsreichste Zeit im Leben.

Mark, 16 Jahre

Die zehn Gebote

1. Die Jugend steht im Mittelpunkt und somit allen im Weg.

2. Keiner von uns ist unnütz, jeder kann als schlechtes Beispiel dienen.

3. Jeder macht, was er will, keiner macht, was er soll, aber alle machen mit.

4. Die Jugend ist eine Gemeinschaft, aber jeder nur für sich.

5. Wir arbeiten Hand in Hand. Was der eine nicht schafft, läßt der andere liegen.

6. Wir sind voller Tatendrang, wir wollen unser Leben selbst gestalten, uns fehlt bloß die Energie.

7. Keiner weiß was er will, aber das mit ganzer Überzeugung

8. So wie wir aussehen, sind wir nicht. Keiner arbeitet so, wie er aussieht.

9. Wo wir sind geht alles schief, aber wir können nicht überall sein.

10. Alle haben die Übersicht verloren, aber wir haben wenigstens den Mut zur Entscheidung.

Stephan, 17 Jahre

Politik

32 % der westdeutschen und 23 % der ostdeutschen Jugendlichen bekunden starkes bzw. sehr starkes Interesse an der Politk.

Krieg in Jugoslawien

„Darüber führen wir in der Schule sehr oft heiße Diskussionen. Meine Schule hat einen Ausländeranteil von über 80 Prozent. Zwei Drittel meiner Klasse besteht aus Ex-Jugoslawen, die aus dem Krisengebiet kommen, der Rest kommt aus der Türkei. Wir debattieren darüber, wer für gewisse Kriegsgreuel verantwortlich ist."

Anne, 16 Jahre

Piercings

Piercing

(engl. „to pierce"
= (durch)stechen,
(durch)bohren)
Vorübergehender
Modetrend: Na-
deln, Ringe oder
andere extrava-
gante Schmuck-
stücke werden in
die unterschied-
lichsten Körper-
teile gesteckt.

„Ich finde Piercings schön. Man muß ja nicht gleich die gesamte Unterlippe oder Zunge durchlöchern."

Dominik, 17 Jahre

Wenn man es einmal gemacht hat, muß man es dann immer wieder machen?

„Ja, wenn man eine Weile lang etwas hat, wird es langweilig und etwas Neues muß her. Ich hätte gerne einen Zungenring, aber mein Freund streikt bei der Idee. Die Zunge schwillt immerhin für zwei Wochen an, man kann nichts essen, nicht reden. Allein bei meinem Bauchnabel hat es ein Jahr gedauert, bis die Narbe richtig verheilt war und ich keine Schmerzen mehr hatte."

Susi, 18 Jahre

Und es tut nicht weh?

„Doch."

Dominik und Susi

Aufklärung

„Ich war auch schon dank der Nachbarssöhne relativ früh aufgeklärt. Eines morgens kriegte ich dann trotzdem einen Herzinfarkt, obwohl ich wußte, was es ist. Ich war damals ziemlich jung, ich habe schon kurz vor meinem 10. Geburtstag meine Tage bekommen. Im Sommer mußte ich mir dann immer Ausreden einfallen lassen, warum ich nicht mit den anderen Schwimmen gehe. Ich war sowieso diejenige in meiner Klasse, die am weitesten entwickelt war. Nur einen Busen hatte ich da noch nicht und ich war neidisch auf die anderen Mädchen. Dafür hatte ich aber immer die größte Klappe."

Petra, 16 Jahre

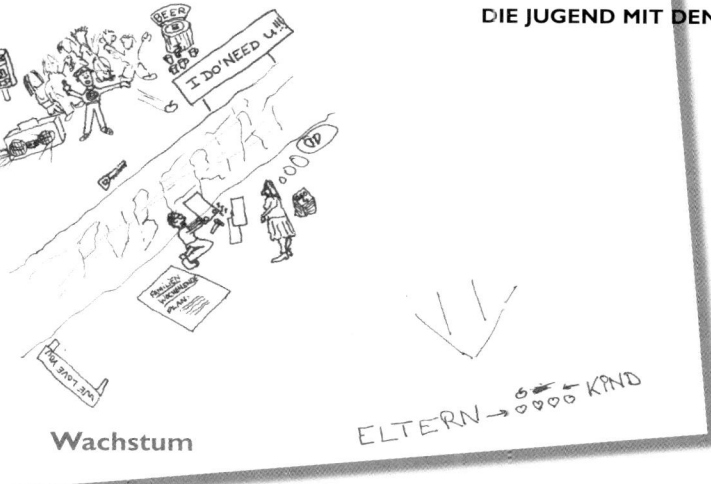

Wachstum

Geld

„Bei mir war es eigentlich ziemlich schlimm, weil ich immer einen Kopf größer war als der Rest der Klasse. Ich wollte so gerne klein und niedlich sein und ich kam mir groß und trampelig vor und dadurch auch nicht dazugehörig. Jetzt finde ich es natürlich gut."(Sie trägt liebend gerne Plateauschuhe.)

Sophie, 17 Jahre

18 Prozent der Jugendlichen verfügen monatlich über 500 bis 1 000 DM.

Taschengeld

„Ich bekomme Geld von meiner Mutter, da ich auf meine kleine Schwester aufpasse, außerdem arbeite ich in einem Schuhgeschäft als Verkäuferin. Insgesamt verdiene ich ungefähr 700 DM im Monat. Davon muß ich mir alles selbst kaufen: Klamotten, Make-up, Fahrkarten etc. Seitdem erhalte ich die 100 DM Taschengeld nicht mehr. Leute in meiner Klasse erhalten aber zum Teil 200 DM Taschengeld in der Woche."

Sandra, 18 Jahre

„Früher habe ich als Model sehr viel Geld bekommen. Ich darf zur Zeit wegen der Schule nicht arbeiten, bekomme dafür aber 65 DM Taschengeld."

Bianca, 15 Jahre

Kinder

„Seit ich eine kleine Schwester habe, ist das Thema eigene Kinder für mich in weite Ferne gerutscht."

Davina, 14 Jahre

„Momentan denke ich noch nicht über Kinder nach. Aber Familie möchte ich später schon einmal haben."

Lara, 16 Jahre

Zukunft

„So wie ich mich kenne, werde ich viel anfangen und viel wieder aufhören. Mich würde es reizen, etwas Neues kennenzulernen, viel zu erleben und das darf auch gerne mit einem Ortswechsel verbunden sein. Irgendwann möchte ich dann auch mal Familie haben."

Julian, 17 Jahre

Arbeit

Arbeiten bedeutet:
Geld (49 %)
Erfüllung (22 %)
Karriere (10 %)
Spaß (7%)
Zeitverschwendung (3%)

„Ich wollte zuerst Ärztin werden, dann Psychologin oder Juristin. Das kann ich jetzt mit der Realschule wohl vergessen. Auf jeden Fall möchte ich mit vielen Menschen zu tun haben."

Andrea, 17 Jahre

Vorbild

„Ich würde es nicht 100% so machen wie meine Eltern, aber auch nicht 100%ig anders."

Christian, 16 Jahre

„Der einzigste Mensch, dessen Leben ich wirklich beeindruckend finde ist Gandhi, über den ich einiges gelesen habe."

Maria, 15 Jahre

Familie

„Ich denke überhaupt nicht an Familie. Schriftstellerin würde ich vielleicht gerne werden. Das Thema Familie schreckt mich eher ab. Eine Verkäuferin bei mir im Schuhgeschäft arbeitet dort seit 12 Jahren und hat jetzt mit 28 gekündigt, weil sie nicht mehr arbeiten und drei Kinder kriegen will. Das heißt, sie sitzt zu Hause mit den Kindern, der Mann verdient das Geld und das Essen steht auf dem Tisch, wenn er abends nach Hause kommt. So werde ich nie. Wenn mein Mann – falls ich einmal heiraten sollte – von der Arbeit kommt, soll er sich sein Essen selber kochen. Heiraten ist doch sowieso etwas aus dem Mittelalter, um die Ländereien aufzuteilen. Es gibt vielleicht schöne Ehen, aber ich habe bis jetzt noch kein gutes Beispiel gesehen."

Caro, 17 Jahre

Coole Erwachsene

„Irgendeine Macke hat wohl jeder Erwachsene. Wenn ich mich in meinem Freundeskreis umsehe, finde ich meine Eltern am coolsten. Die anderen sind oft so richtige Hausmütterchen oder Marke Hausmeister. Kurzum: langweilig und spießig."

Thomas, 17 Jahre

Kinder

85 % aller Jugendlichen wollen später einmal selber Kinder haben.

Familie

70 % der Jugendlichen wünschen sich eine eigene Familie, 75 % Kinder, 89 % der jungen Frauen wollen Beruf und Familie miteinander verbinden.

Haushalt

„Bei meinem Vater helfe ich gerne im Haushalt mit, weil von ihm mehr kommt. Da mache ich sogar freiwillig die Küche sauber. Wenn es nicht direkt gefordert wird, bin ich eher bereit zu helfen."

Sabine, 16 Jahre

Ehescheidung

Die Mehrzahl der Ehen werden nach dem „verflixten 4. Jahr" geschieden. Bei der Hälfte der Scheidungen sind Kinder betroffen.

„Bei mir ist es so, daß ich vom größten Teil der Hausarbeit freigestellt bin (außer zum Waschsalon gehen und den Mülleimer herunterbringen), weil ich mich nachmittags um meine kleine vierjährige Schwester kümmere. Um zwei Uhr hole ich sie aus dem Kindergarten ab und bis fünf Uhr spiele ich Babysitter. Aufgeräumt wird ohnehin, wenn wir Mittag gegessen haben. Wenn es etwas in meiner Familie zu besprechen gibt, kommt das beim Abendbrot auf den Tisch, da kann niemand abhauen. Wenn es Probleme gibt, werden sie bei uns einmal durchdiskutiert und dann nicht mehr darüber gesprochen. Jeder muß sich dann an unsere Abmachungen halten. Meine Mutter ist allerdings nicht nachtragend, wenn irgend etwas vorgefallen ist."

Eva, 17 Jahre

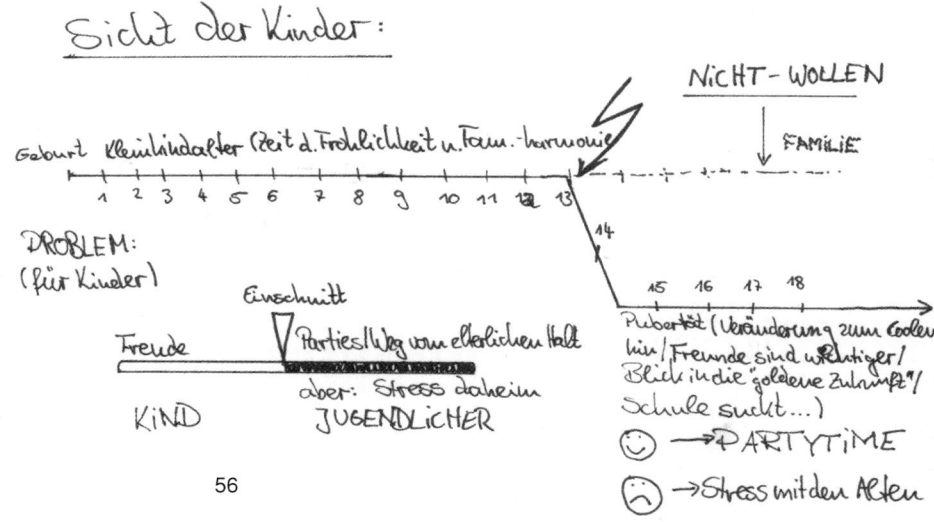

Scheidung

„Kurz nach der Trennung meiner Eltern war es sehr schlimm. Ich hatte solche Angstzustände, daß ich mich nachts nicht getraut habe, von meinem Bett zur Tür zu gehen. Tagsüber hatte ich permanent Angst. Ich war dann auch bei einem Psychologen. Im nachhinein bin ich froh, das meine Eltern geschieden sind, da sie sonst sicher beide unglücklich wären."

Leonhard, 18 Jahre

Ehe

„Normalerweise heißt es beim Eheversprechen, daß man sich bis an das Ende seines Lebens treu bleibt. Die meisten Leute lassen sich sowieso wieder scheiden. Wenn ich heirate, dann nicht mit dem Ziel, daß ich mit derjenigen alt werde."

Rudi, 17 Jahre

„Damals, als mein leiblicher Vater und meine Mutter sich getrennt haben, habe ich das gar nicht mitbekommen. Ich kenne es eigentlich nur mit meiner Mutter, obwohl wir allerdings nie alleine gewohnt haben. Wenn ich nur allein mit ihr zusammen wohnen würde, hätte ich bestimmt schon längst die Krise gekriegt. Der Freund meiner Mutter ist immer lässiger als meine Mutter. Mit meinem richtigen Vater wäre es wohl eine Katastrophe, weil er ziemlich übersteigerte Ansprüche an mich hätte, was beispielsweise die Schullaufbahn betrifft, denn er hat sein Abitur mit 1,0 gemacht."

Angela, 17 Jahre

Schule

„Meine Eltern stressen mich zur Zeit gewaltig mit der Schule. Ich bin letztes Jahr vom Gymnasium auf die

Realschule gewechselt und jetzt erwarten sie, daß ich nur mit Einsern nach Hause komme. Ich bin zwar ein paar Noten besser, trotzdem sind in meinem Zeugnis zwei Vierer unvermeidlich. Und wegen diesen zwei Vierern darf ich nicht arbeiten gehen. Abends weggehen fällt auch flach, da ich gar kein Geld mehr habe. Dabei war mein Vater auch kein Genie. Er hat die Hauptschule absolviert und erst später sein Abitur nachgeholt."

Saskia, 16 Jahre

Religion

54 % der Jugendlichen in Ost und West glauben an Gott.

"Jetzt beginnt der Ernst des Lebens" – dieser Satz wird wohl jedem Erstkläßler mit auf den (Schul-) Weg gegeben. Aber eigentlich ist die Schulzeit die schönste Zeit im Leben, abgesehen von der Rente. Soviel Freizeit, soviel Spaß, soviel Kontakt zu Gleichaltrigen und verschiedenen Leuten hat man fast nie wieder. Natürlich hat die Schule auch Nachteile, man denke nur an nervige Lehrer, die einem jede Woche eine Schulaufgabe verordnen und Hausaufgaben aufgeben, die einen ganzen Nachmittag in Anspruch nehmen. Viele Eltern machen den Fehler, daß sie ihre Sprößlinge zum Lernen geradezu zwingen oder zu viel von ihnen verlangen, indem sie sie auf eine höhere Schule schicken, der sie nicht gewachsen sind. Jeder muß begreifen, daß er für sich lernt und nicht für die Eltern oder Lehrer. Selbst "sitzenbleiben" ist heutzutage keine Schande mehr. Denn auch so kann man es zu etwas bringen und sich einen Namen machen, im Idealfall sogar einen Nobelpreis verliehen bekommen. Die berühmtesten Beispiele dafür sind wohl Thomas Gottschalk und Albert Einstein."

Doris, 18 Jahre

Traumberuf

"Ganz am Anfang wollte ich Tierärztin werden, dann wollte ich zum Zirkus, dann wollte ich Lehrerin werden, dann fand ich alle Beamten doch nicht so toll. Jetzt bin ich fest entschlossen, in die Entwicklungshilfe zu gehen."

Tanja, 16 Jahre

Die Schule:

ist Begegnungsstätte

ist ein Trend-Marktplatz

ist ein Ort der Gewalt

verallgemeinert

verzieht

ist eine Fabrik der Angst

belegt einen großen Teil des Lebens

läßt einem im Unterrichtsstoff keine Wahl

unterstützt „Auswendiglernerei"

vernachlässigt den Aufbau von Gruppenzugehörigkeit

ist monoton

ist Spießer-Fabrik Nummer Eins

stopft einem Stoff ins Gehirn

zettelt Beziehungen an

informiert und „bildet fürs spätere Leben"

geht nicht auf das Individuum ein

ist nur auf Informationsaufnahme aus

vernachlässigt die Erziehung zu eigenständigen, vertändnis-

vollen, liebenden und denkenden Erwachsenen

ist Jugend

ist nötig

das Leben ist ohne die Schule nicht vorstellbar

stellt die Weichen fürs spätere Leben, ohne daß man

sich dessen wirklich bewußt ist

unterteilt in „Gute" und „Schlechte"

bewertet Menschen in Noten von 1 bis 6

bestraft Versager

bringt Menschenkenntnis

setzt einem unzureichend geschulten Lehrern aus

verbindet

Horst, 18 Jahre

Treue

„Wenn sie nicht treu
ist, kann sie gehen.
Ich bin auch treu und
nicht so leicht herum-
zukriegen und dann
erwarte ich dasselbe
von meiner Freundin."

Max, 16 Jahre

Brief an meine Mutter

Hallo Mama,
wenn Du diesen Brief in Deinen Händen hältst und
die ersten Worte liest, bin ich längst auf der Fete
von Micha. Ich habe Dich bewußt nicht mündlich
nach einer Erlaubnis gefragt, weil ich wußte, Du
würdest es mir nicht erlauben, außerdem wollte ich
mir und Dir nicht die gute Laune mit einem Streit
verderben. Übrigens, ich komme morgen bis zum
Mittagessen wieder heim. Ich hätte mal wieder
Appetit auf Spaghetti. Also, mach' Dir keine
Sorgen und reg' Dich nicht auf.

Bis bald,
Deine Sonja

Sonja, 15 Jahre

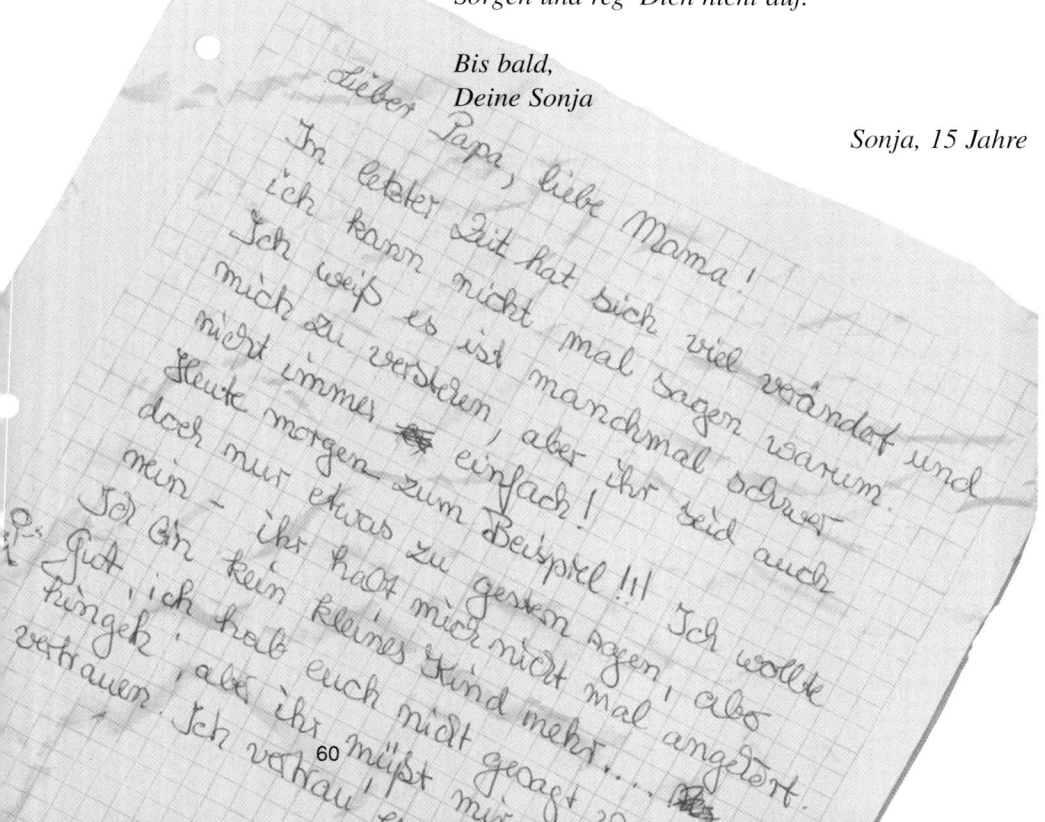

Jugend in der Antike

Bereits die Antike beschäftigte sich mit ihren
Heranwachsenden. Hier eine Charakteristik der Jugend nach
Aristoteles (384 - 322 v. Chr.):

„Die Lebensalter aber sind Jugend, Mannesalter und
Greisenalter (...).

Die Jugendlichen sind ihrem Charakter nach zu
Begierde disponiert und geneigt, das zu tun, wonach ihre
Begierde tendiert. Und sie sind so disponiert, daß sie von
den leiblichen Begierden am ehesten der Geschlechtslust
anhängen und darin unbeherrscht sind (...). Aber hinsichtlich
ihrer Begierden sind sie leicht wandelbar und zum Überdruß
geneigt. Sie begehren heftig, lassen aber schnell nach; denn
ihre Wünsche sind heftig, aber nicht stark, wie das Durst-
und Hungergefühl der Kranken (...).

Aristoteles

Aristoteles war
einer der ersten,
der die Jugendzeit
als eigenständigen
Lebensabschnitt
betrachtete. Seine
Darlegung machte
Geschichte.

Ferner sind sie hitzig und jähzornig und bereit, ihrem
Zorn zu folgen. Auch sind sie Sklaven ihres Zorns; denn aufgrund ihres Ehrgeizes können sie es nicht ertragen, gering
geachtet zu werden, sondern sie geraten in Empörung, wenn
sie sich ungerecht behandelt glauben (...). Auch sind sie ehr-
geizig oder mehr noch siegessüchtig; denn die Jugend trach-
tet nach Überlegen-Sein; der Sieg aber ist eine Art Überlegen-Sein. Auf dieses beides sind sie mehr aus als auf Geld
(...).

Ferner sind sie nicht schlecht gesinnt, sondern gut-
mütig, weil sie noch nicht viel Schlechtigkeit gesehen
haben. Auch sind sie leichtgläubig, weil sie noch nicht häufig getäuscht worden sind. (...). Sie leben meistens in der
Hoffnung; denn die Hoffnung bezieht sich auf die Zukunft,

die Erinnerung aber auf das Vergangene. Für die Jugend aber ist die Zukunft lang, die Vergangenheit dagegen kurz; denn am Morgen des Lebens glaubt man, sich an nichts zu erinnern, dagegen alles zu erhoffen.

Aufgrund des Gesagten ist sie auch leicht zu täuschen; denn sie ist leicht zur Hoffnung geneigt (...). Auch sind sie (die Jugendlichen) besonders tapfer; denn sie sind hitzig und voll guter Hoffnung, wovon das eine sie furchtlos, das andere aber zuversichtlich macht (...). Ferner lieben sie mehr als andere Lebensalter ihre Freunde und Genossen, weil das Zusammenleben ihnen Freude bereitet und sie noch nichts nach dem Nutzen beurteilen, demnach auch nicht ihre Freunde (...).

All ihre Fehler aber liegen (...) im Bereich des Übermaßes und der übertriebenen Heftigkeit; denn alles tun sie im Übermaß; sie lieben nämlich im Übermaß, sie hassen im Übermaß und so alles andere in gleicher Weise. Auch glauben sie, alles zu wissen, und nehmen die Haltung des Beteuerns ein; denn das ist auch die Ursache der Übertreibung in allem (...). Ihre Beleidigungen tendieren zu übermütigem Verhalten, nicht aber zur Bosheit.

Auch sind sie zum Mitleid disponiert, weil sie alle für besser und rechtschaffener halten, als sie es wirklich sind; denn sie messen ihre Mitmenschen nach der eigenen Unschuld. Daher nehmen sie an, daß sie unverdientermaßen leiden. Ferner lieben sie das Lachen, und daher sind sie auch disponiert für den Spaß; denn Spaß ist gebildeter Übermut. So beschaffen ist also der Charakter der Jugend."

(Aristoteles: Rhetorik)

Mal ehrlich, kam Ihnen bei Aristoteles nicht einiges sehr bekannt vor?

„Weil ich ein Mädchen bin"

„Eine Frau, die nicht rätselhaft ist, ist keine."

Theodor Fontane

Als Kinder sind sie sich ihrer selbst noch ganz sicher. Doch in der Pubertät ist es für viele Mädchen nicht leicht, das Selbstbewußtsein über diese schwierige Zeit hinüberzuretten.

Mit zehn Jahren ist die Welt noch in Ordnung. In diesem Alter raufen sich Mädchen auf dem Schulhof mit ihren Altersgenossen, sie übernehmen das Amt des Klassensprechers genauso wie sie vom 5-Meter-Turm einen Kopfsprung wagen. Fragt man sie, was sie einmal werden wollen, dann reichen die Berufswünsche von der Tierärztin über die Rechtsanwältin bis hin zur Entwicklungshelferin.

Mit 10 Jahren ist die Welt noch in Ordnung.

Doch oft kommt alles ganz anders. Im Labyrinth der Pubertät verlaufen sich viele 11- bis 14jährige Mädchen, verlieren ihr Selbstbewußtsein und werden zu traurigen Teenagern und verunsicherten Frauen.

Bleiben Buben in der kritischen Phase relativ stabil, so leiden immer mehr Mädchen unter Minderwertigkeitsgefühlen. Eine Studie der Universität Bielefeld aus dem Jahr 1990 befragte rund 1700 Jugendliche im Alter zwischen 12 und 14 Jahren. Das Ergebnis: Den Mädchen geht es großteils schlechter als den Jungen. Sie fühlen sich den Anforderungen von Schule, Eltern und Freunden nicht gewachsen und reagieren oft mit unterschiedlichsten psychosomatischen Störungen. Welche Gründe nennen die Psychologen? Mädchen werden durch Eltern, Freunde, aber auch durch die Medien die unterschiedlichsten Botschaften vermittelt. Auf der einen Seite müssen Mädchen stark, selbstbewußt und unabhängig sein und später erfolgreich einen Beruf ergreifen. Auf der anderen Seite erwartet man von ihnen Weiblichkeit und Anschmiegsamkeit, um später die Ehefrauen- und Mutterrolle übernehmen zu können.

Aufpassen, daß das Selbstwertgefühl nicht auf der Strecke bleibt.

Diese Verunsicherung erleben natürlich nicht nur die Mädchen. In der Pubertät bricht für Jugendliche allgemein oft das gesamte Weltbild zusammen, da sie beginnen, die Wertvorstellungen der Familie zu hinterfragen und sich eigene Normen zu setzen.

Natürlich reagieren Jugendliche hochsensibel auf alle äußeren Einflüsse. Doch während Jungen erleben, daß der erwachsene Mann, wenn er aktiv sein Leben in die Hand nimmt und selbstbewußt zupackt, mit Erfolg gesegnet ist, werden die Mädchen oft mit ganz anderen Bildern konfrontiert.

Ein Blick in eine der zahlreichen Teenager-Magazine reicht, um das Thema „Frauenbild" zu verdeutlichen: Von Flirt- und Verführungs-Tricks über Diät-Reportagen (für IHN) bis hin zu Schmink-Tips geht es nur darum, dem anderen Geschlecht zu gefallen. Fragen nach der beruflichen Zukunft werden nur selten gestellt. Die Magazine suggerieren den jungen Frauen, daß sie nur attraktiv genug sein müssen, dann kommt das Glück des Lebens (in Form eines Mannes) von alleine.

Von Beginn der Pubertät an steht ausschließlich der Körper des Mädchens auf dem Prüfstand. Magersucht und Bulimie können dabei die lebensgefährliche Folge sein.

Oft übertragen sich die Ängste der Eltern auf die der Tochter. Die Mütter spielen dabei eine zentrale Rolle, sind sie doch die Identifikationsfigur für ihre Tochter. Doch viele Mütter begehen den Fehler, eigene Defizite über ihre Töchter zu sublimieren, da sie sie als Teil ihrer selbst betrachten. Umgekehrt kann es vorkommen, daß Mütter überkritisch kontrollieren, ob ihre Tochter dem herrschenden Frauenideal entspricht. Oft werden die körperlichen Veränderungen abgelehnt: „oh je, deine lästige Regel kriegst du jetzt jeden Monat", „schade, was da aus meinem kleinen Mädchen geworden ist" sind zwei Beispiele, die verdeutlichen sollen, wie schwer es jungen Mädchen gemacht wird, eine stabile weibliche Identität aufzubauen.

Ein weiteres Problem ist die Tatsache, daß weibliche Teenager sehr verletzend sein können und unbeherrschte Eltern dann gerne gleiches mit gleichem vergelten. Doch die daraus entstehende Distanz ist für viele Mädchen unerträglich. Sie brauchen die Liebe ihrer Eltern!

Manche Väter werden durch die körperlichen Veränderungen und die zunehmende sexuelle Attraktivität ihrer Töchter verunsichert und verlieren dadurch den emotionalen Zugang zu ihnen. Auf die rein intellektuelle Ebene zurückgeworfen, werden manche Töchter dadurch zu überehrgeizigen Karrierefrauen, die völlig übersteigerte Erwartungen an sich stellen. Idealerweise sollte also gerade der Vater seiner Tochter in der Pubertät sehr nahe sein, damit sie erkennt, daß Weiblichkeit und Selbstbewußtsein sich gegenseitig nicht ausschließen.

Mann werden ist nicht leicht

„Immer ist der Mann ein junger Mann, der einem jungen Weibe wohl gefällt." (Nausikaa)

Goethe, Nausikaa I, 3

Stärke und Durchsetzungsvermögen zählen immer noch mehr als Zurückhaltung und Gefühl.

Ist es für Jungen in der heutigen Zeit schwerer, ihre männliche Rolle zu finden, oder hat es das starke Geschlecht leichter als seine Väter, erwachsen zu werden?

Auf der einen Seite ist es für einen jungen Mann heute sicherlich einfacher als vor 50 Jahren: Das Männerbild ist nicht mehr so streng definiert wie früher. Männer dürfen jetzt auch Schwäche zeigen, sie müssen nicht permanent „den Macho 'raushängen lassen" und anderen ihre „Männlichkeit" beweisen. Das hat natürlich auch seine Nachteile: War früher die Männerrolle gegenüber Frauen, Beruf, Gesellschaft genau definiert, ist es jetzt nicht mehr leicht zu sagen, was es heißt ein Mann zu sein. Während die Väter sich oft noch über ihre Rolle als Ernährer der Familie legitimierten, können junge Männer heute wählen zwischen Hausmann und Karriere-Yuppie, Softie oder Super-Macho. Alles scheint möglich.

Da ist es für viele Jungen nicht so einfach, sich in der Vielfalt der undifferenzierten männlichen Verhaltensmuster eine „passende" Identität auszusuchen. Viele Eltern fragen sich sicher, was sie falsch gemacht haben, wenn sich ihr Sohn plötzlich zum Sensibelchen entwickelt oder betont maskuline Züge zeigt.

Viele Jugendliche experimentieren in der Pubertät mit verschiedenen Rollen und setzen sich so mit ihrer Geschlechterrolle auseinander. Für einige Jungen ist es sehr schwer, den „männlichen" Anforderungen gerecht zu werden: Sie sind vielleicht viel zu klein, zu dick, zu dünn oder entsprechen in anderer Form nicht der männlichen Norm. Gerade in einem solchen Fall ist es von wesentlicher Bedeutung, dem Jungen zu signalisieren, daß man kein bestimmtes Rollenverhalten von ihm erwartet.

Auch wenn der Vater nicht dem traditionellen Rollenverständnis entspricht und die Mutter ihren Sohn, wenn er einmal weint, verständnisvoll in die Arme nimmt, haben sich viele Eltern noch nicht von den geschlechtsstereotypischen Erwartungen gelöst. Ein Junge muß im Gegensatz zu einem Mädchen auch heute noch stark sein, sich (gegebenenfalls mit Gewalt) durchsetzen und sich nichts gefallen lassen, um im späteren Leben erfolgreich zu sein. Manche Jungen geraten durch diese Anforderungen ziemlich unter Leistungsdruck, so daß sie prahlerisch auftreten und durch gefährliche Mutproben der Welt ihre „Männlichkeit" beweisen wollen.

Mut heißt, auch einmal nein zu sagen.

Das wichtigste für den Jugendlichen in der Phase der Pubertät ist das Verständnis für seine Bedürfnisse und das Erkennen seiner eigenen Potentiale. Eltern dürfen in ihrem Sohn genausowenig den zukünftigen Mann suchen wie ihn weiter als Kind behandeln. Wenn sie ihn als den Menschen akzeptieren, der er wirklich ist, hat er die größten Entwicklungsmöglichkeiten.

Dabei dürfen Eltern nicht vergessen, daß ihr Sohn genau beobachtet, wie die Rollen in der eigenen Familie verteilt sind, und dadurch sein Rollenverständnis von vorn-

Die Tochter
ein Barbie-
Püppchen,
der Sohn ein
Macker?

herein geprägt wird. Natürlich kann kein Vater dem Sohn ein ideales Vorbild sein. Optimal ist sicherlich eine ehrliche, offene Beziehung, die auch schwierige Diskussionen nicht meidet. Jungen brauchen die Vaterrolle als Spiegel der eigenen Identität. Nur Väter, die sich dieser nicht ganz leichten Aufgabe nicht entziehen, geben ihrem Sohn damit die Chance, sich von der ödipalen Beziehung zur Mutter zu lösen. Dies ist ein sehr wichtiger Entwicklungsschritt auf dem Weg zum Erwachsenwerden, denn sonst kann der Sohn bis ins hohe Alter ein „Muttersöhnchen" bleiben.

Analog zu den Mädchen stehen Jungen heute vor der paradoxen Herausforderung, sich einerseits von dem früheren, überholten Rollenbild zu lösen und andererseits resolut und selbstbewußt den modernen Mann zu verkörpern. Eltern können ihre Kinder aktiv dabei unterstützen, ihre eigene geschlechtsspezifische Identität zu entwickeln und zu akzeptieren, indem sie ihnen ein positives Vorbild vorleben und die Erwartungen auf ein Minimum zurückschrauben.

Kummer mit der Liebe

Vätern fällt es oft schwer mitanzusehen, wie aus ihren süßen pferdeschwanztragenden Mädchen plötzlich attraktive Frauen werden, für die der Papa nicht mehr der einzige oder zumindest wichtigste Mann im Leben ist. Aber auch für Mütter ist es nicht einfach, den Sohn mit einem anderen weiblichen Wesen zu teilen. Auch wenn es Ihnen gar nicht gefällt, wenn Fanpost ins Haus flattert oder das Telefon nicht aufhört zu klingeln, akzeptieren Sie es trotzdem. Versuchen Sie sich in Ihren Jugendlichen zu versetzen. Kritisieren Sie nie den jeweiligen Lebensabschnittspartner Ihres Sohnes oder Tochter, und sagen Sie nie: „Kind, der ist doch nichts für Dich." Jeder muß schließlich seine eigenen Erfahrungen sammeln und ausprobieren, wer oder was zu einem paßt. Sprechen Sie ganz offen über Liebe und Sexualität und zeigen Sie, welche Verhütungsmittel es gibt, eventuell welche Sie bevorzugen. Fragen Sie Ihren Jugendlichen nicht aus und gewähren Sie ihm die Intimsphäre, die Sie sich selbst erbitten.

Bei Liebeskummer, den Ihr Jugendlicher wahrscheinlich regelmäßig hat, vermeiden Sie auf jeden Fall Sprüche, wie "Hab' ich Dir doch gleich gesagt!" oder "Das wird schon wieder!". Sie bringen Ihren Sohn oder Ihre Tochter am ehesten wieder zum Lächeln, wenn Sie von eigenen Anekdoten, von Ihren Ex–Freunden und Liebschaften erzählen und alte Fotos oder Briefe zeigen.

"Bedienungsanleitung für einen Teenager"

1) Lieferumfang:

Bedienungselemente:

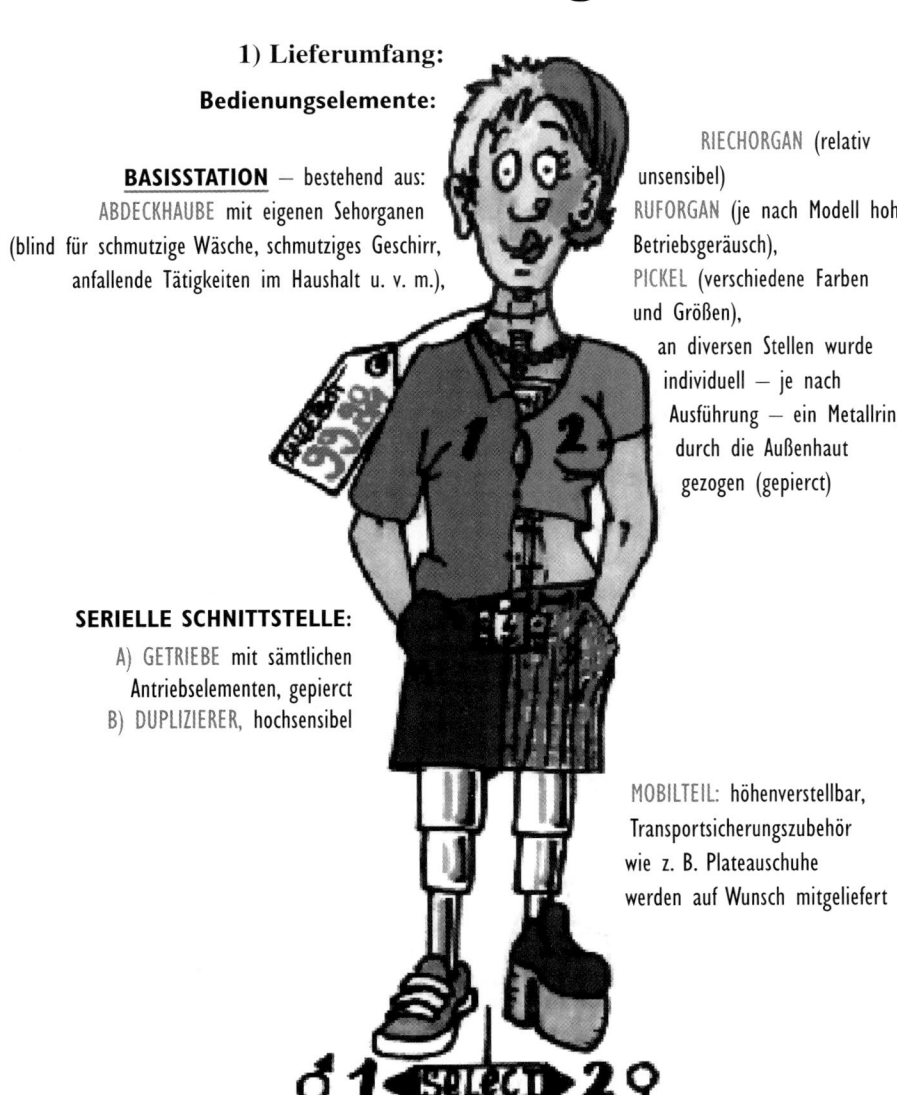

BASISSTATION – bestehend aus:
ABDECKHAUBE mit eigenen Sehorganen
(blind für schmutzige Wäsche, schmutziges Geschirr,
anfallende Tätigkeiten im Haushalt u. v. m.),

RIECHORGAN (relativ
unsensibel)
RUFORGAN (je nach Modell hohes
Betriebsgeräusch),
PICKEL (verschiedene Farben
und Größen),
an diversen Stellen wurde
individuell – je nach
Ausführung – ein Metallring
durch die Außenhaut
gezogen (gepierct)

SERIELLE SCHNITTSTELLE:
A) GETRIEBE mit sämtlichen
Antriebselementen, gepierct
B) DUPLIZIERER, hochsensibel

MOBILTEIL: höhenverstellbar,
Transportsicherungszubehör
wie z. B. Plateauschuhe
werden auf Wunsch mitgeliefert

Sehr verehrte Kundin, sehr verehrter Kunde,

wir gratulieren Ihnen zum Kauf dieses hochwertigen Teenagers und wünschen Ihnen viel Freude mit unserem neuesten Modell. Bitte lesen Sie vor der Inbetriebnahme diese Bedienungsanleitung sorgfältig durch. Bei eventuellen Funktionsstörungen wenden Sie sich bitte an Ihren Fachhändler. Er ist für den Kundendienst und für Garantieleistungen zuständig. Zur Unterstützung des Fachhändlers in der Bundesrepublik Deutschland stehen Ihnen die auf Seite 148f. dieses Buches genannten Teen-Service-Stellen bereit.

2) Energieversorgung:

Der Teenager wird mit vegetarischer Vollwertkost und Sojamilch betrieben.

3) Vorbereitung:

Entnehmen Sie den Teenager und alle Zubehörteile der Verpackung. Bitte bewahren Sie alle Verpackungsteile für einen eventuellen Transport auf.
Wir sind bemüht, unser Modell Teenager so wenig störanfällig wie möglich zu liefern. Während der ersten Zeit der Inbetriebnahme sollten Sie ihn jedoch schonend behandeln, damit seine Funktionstüchtigkeit nicht leidet und er nicht „ausflippt". Für die Aufrechterhaltung der Betriebsfähig-keit ist es empfehlenswert, ihn auf eine Schule zu schicken. Negative Äußerungen des Teenagers über diese Institution sind auf einen Software-Konstruktionsfehler zurückzuführen. Wir arbeiten weltweit mit führenden Teenager-Herstellern an einer Update-Version und hoffen bis zum Jahr 3000 eine Optimierung zu ermöglichen. Bitte habe Sie noch etwas Geduld.

4) Inbetriebnahme Ihres Teenagers

Bitte bewahren Sie den Kaufbeleg und die Verpackung auf, da Sie im Ge-währleistungsfall (Nachweis durch Kaufbeleg) bzw. bei Reparaturen des Teenagers (Basisstation, Schnittstelle, Mobilteil) komplett an Ihren Händler zurückzugeben sind. Unser Teenager wird funktionstüchtig ab Werk gelie-fert. Nachts empfehlen wir den Teenager in horizontaler Lage in sei-nem Bett standby „aufzuladen".

71

Wenn Sie ihn morgens mit dem Satz: „Guten Morgen, wenn du gleich aufstehst, bekommst du von mir 5 DM" wecken, wird er bedingungslos auf Sie hören.

Zum Reinigen bitte nur wenig Wasser und keine chemischen Produkte verwenden. Bitte versuchen Sie niemals, das Gehäuse Ihres Teenagers zu zerlegen und eigenständig Reparaturen durchzuführen!

6) Fernbedienung:
Generell wird der Teenager ohne Systemsteuerungsmöglichkeit produziert. Vor dem Gebrauch von Ketten, Taschengeldstreichungen, Hausarrest und anderen Manipulationen bitten wir Sie deswegen, Abstand zu nehmen.

7) Sonstiges
Es ist nach unseren Erfahrungen sinnvoll, zu Ihrem Teenager weiteres Zubehör anzuschaffen:
- Zweit-Stereoanlage plus schallisolierten Raum/Kopfhörer,
- Zweit-Fernseher mit Kabelanschluß für MTV und VIVA,
- Aschenbecher und Nerven aus Drahtseil.

Die "10 Gebote" zur richtigen Behandlung Ihres Teenagers

1. Fordern Sie nicht zuviel von ihm.
2. Kritisieren Sie nie seine Vorlieben, Hobbys, Kleidung, Musik oder Freunde.
3. Kritisieren Sie nie seine Freundin/ihren Freund.
4. Das heißt nicht, daß Sie ihn diesbezüglich nicht ab und zu richtig auf den Arm nehmen können.
5. Bleiben Sie Sie selbst und machen Sie sich nicht lächerlich: Versuchen Sie nicht zum Jugendlichen zu mutieren, indem Sie plötzlich Ihr Cap (Mütze) verkehrt herum tragen, Rollerbladen oder bei Heavy Metall abbangen (auch wenn ihnen die Musik wirklich gut gefällt). Das ist absolut uncool.
6. Lassen Sie sich niemals auf Parties, Jugend-Treffs oder anderen Orten, an denen Ihr Teenager abhängt, blicken.
7. Sagen Sie ihm nie, wann er zu Hause sein muß, er kommt sowieso zu spät.
8. Räumen Sie Ihre Spülmaschine gefälligst selber aus.
9. Geben Sie ihm immer recht.
10. Kurzum: Halten Sie sich einfach die nächsten Jahre vertrauensvoll aus der Privatsphäre Ihres Teenagers heraus.

Achtung! Ihr Teenager ist vom Umtausch ausgeschlossen!

Auch Sie waren einmal in der Pubertät

„Alle großen Leute sind einmal Kinder gewesen
(aber nur wenige erinnern sich daran)."

Antoine de Saint-Exupéry

Erinnern Sie sich?

Können Sie sich noch an den Beginn
Ihrer Pubertät erinnern? Wahrscheinlich hoff-
ten Sie, daß Ihr Kind nie in diese Verlegenheit
geraten würde. Die Pubertät hat sich jedoch im
Laufe dieses Jahrhunderts um rund viereinhalb Jahre vor-
verlagert und platzt nicht selten mitten in die vermeintliche
Kindheit. „Kleinen" verspielten Mädchen beginnt der
Busen zu wachsen und bei den Jungen sprießen vor
jeglicher männlichen Reife die ersten Schamhaare.

Die meisten Jugendlichen sind nur notdürftig mit
Informationen über die neue, kritische Zeit ausgestattet, die
Eltern haben sie längst wieder verdrängt. Niemand scheint
der Situation adäquat gewappnet zu sein, doch um Ihren
Teenager besser zu verstehen, müssen Sie zunächst einmal
sich selber und Ihre Träume und Ängste besser kennenlernen.

Deswegen ist es wichtig, sich an die eigene Pubertät
zu erinnern. Dazu haben wir als „Memo" das beiliegende
Lesezeichen für Sie entwickelt. Denn Ihre guten und
schlechten Erfahrungen in der „Zeit der Reife" können sich
darauf auswirken, wie Sie mit Ihrem Jugendlichen umgehen. Es ist möglich, daß schmerzliche Kindheitserfahrungen

73

Sie daran hindern, gute Eltern zu werden. Manche von ihnen hegen insgeheim vielleicht immer noch einen Groll gegenüber den eigenen Eltern, weil sie die eigenen Kindheitserfahrungen nicht verarbeiten konnten, denn nur zu gerne werden negative Erinnerungen verdrängt. Wenn Sie sich in Ihrer Pubertät beispielsweise ungeliebt und isoliert fühlten, diese Gefühle aber bis heute nicht an sich heranließen, so kann sich das möglicherweise nachteilig auf das Zusammenleben mit Ihren Kindern auswirken. Vielleicht wollen Sie, daß ihr Kind Ziele, die Sie selber nicht erreicht haben, für sie erreicht. Können Sie das wirklich von ihm verlangen?

Es ist verständlich, daß für manche die Erinnerungen so schmerzhaft sind, daß Sie sie lieber begraben lassen wollen. Häufig werden mit dem Beginn der Pubertät des eigenen Teenager versteckte Ressentiments gegen die eigenen Eltern geweckt. Doch wenn Sie sich den Unzulänglichkeiten der eigenen Eltern nicht stellen, kann das bei den eigenen Kindern zu viel schlimmeren Folgen führen.

Wer selbst unter dem strengen Regime der Eltern gelitten hat, ist versucht, sich der Verantwortung als Vater oder Mutter zu entziehen, um den eigenen Kindern nicht vergleichbares Leid zuzufügen.

Alternativ dazu reagieren Eltern auch andersherum, indem sie die Wut verleugnen und sich einreden, wie wunderbar ihre Eltern alles gemacht hätten, denn sonst wäre aus ihnen schließlich nicht das geworden, was sie heute sind. Die Wut richtet sich dann zwar nicht auf die eigenen Eltern, dafür direkt auf den Jugendlichen. Diese Wut verzerrt dann das Verhältnis zum Jugendlichen, dabei sind Sie es ihm schuldig, ihre eigene Vergangenheit aufzuarbeiten.

Eine Rückblende in Ihre Pubertät kann helfen, die Kluft zwischen den Generationen zu überbrücken. So verstehen Sie nicht nur Ihren Teenager besser, sondern auch Ihr eigenes Verhalten.

Der Fragebogen „Erinnern Sie sich?" soll ihnen helfen, sich bewußt zu überlegen, inwieweit das Verhalten gegenüber Ihren Kindern durch den Erziehungsstil Ihrer eigenen Eltern geprägt wurde.

Ihre Antworten sollen Sie dabei unterstützen, sich in die Vergangenheit zurückzuversetzen, und Ihnen aufzeigen, welche Aspekte Ihrer eigenen Jugend der Beziehung zu Ihrem Teenager im Wege stehen. Lassen Sie dabei ruhig alle positiven und negativen Gefühle zu. Vielleicht sehen Sie dann Ihre Pubertät in einem neuen Licht? Legen Sie dazu das Lesezeichen vor sich hin.

Rückblende: Erinnern Sie sich?

Wie haben Ihre Eltern in ihrer Rolle als Mutter und Vater sich Ihnen gegenüber verhalten? Waren sie „hart, aber gerecht", liebevoll, kaltherzig, streng, nachgiebig? Wünschen Sie sich, daß Ihre Eltern stärkere Kontrolle auf Sie ausgeübt hätten?

Meine Eltern verhielten sich folgendermaßen:

_____

_____

_____

_____

_____

Wie verhielten sich Ihre Eltern in Konfliktsituationen? Was waren die Hauptstreitpunkte? Wurden Sie (körperlich) bestraft, mißachtet, geschimpft – wenn ja, wie? Hatten Sie Angst vor einem Elternteil?

Meine Eltern reagierten bei Konflikten wie folgt:

_____

_____

_____

_____

_____

Welchen Gesichtsausdruck hatten Ihre Eltern während eines Streits? Vermieden sie Blickkontakt, lächelten sie freundlich, runzelten sie kritisch die Stirn?

Meine Eltern machten folgende Miene.

Hatten Sie Vertrauen zu Ihren Eltern? Konnten Sie mit Ihnen über Ihre Probleme aufrichtig sprechen?

Vertrauen war (mehr als) nur ein Wort, weil.

Hatten Sie in Ihrer Familie einen bestimmten Ruf (z. B. der/die Kluge/ Ehrgeizige/ Hübsche/ Langsame/ Egoistische)? War diese Etikettierung berechtigt?

Ich war in meiner Familie.

Beteiligten Ihre Eltern Sie an Entscheidungen, die Sie betrafen (hatten Sie einen eigenen Etat, durften Sie alleine in den Urlaub fahren)?

Meine Eltern ließen mir folgenden Handlungsspielraum.

Standen Ihre Eltern untereinander oder zu Ihnen in Konkurrenz? Herrschte zwischen Ihren Eltern Gleichberechtigung oder war Ihr Vater der „Herr des Hauses"? Wie empfanden Sie die Machtverteilung im Elternhaus?

Die Macht war bei mir zu Hause so verteilt.

Ergriffen Ihre Eltern eher für Sie Partei oder für Ihre Lehrer/Ausbilder/Professoren?

Meine Eltern standen auf der Seite von.

Was mochten Sie besonders gerne an Ihren Eltern?

Besonders schätzte ich an meinen Eltern, daß:

Was mißfiel Ihnen an Ihren Eltern besonders?

An meinen Eltern störte mich, daß:

Wurden Sie oder eines Ihrer Geschwister vor den anderen (geschlechtsbedingt) bevorzugt? Hatten Sie Streit mit Ihren Geschwistern?

Meine Eltern bevorzugten:

Können Sie sich an das Netteste erinnern, das Ihre Eltern zu ihnen gesagt haben?

Meine netteste Erinnerung ist:

Können Sie sich an das Schlimmste erinnern, das Ihre Eltern zu ihnen gesagt haben?

Meine negativste Erinnerung ist:

Wie wurde bei Ihnen über Ängste, Trauer, Liebe, Ärger und andere Gefühle gesprochen?

Über Gefühle sprachen wir:

Versuchten Ihre Eltern via Manipulation ein bestimmtes Verhalten von Ihnen zu erzielen (Bestechung, Einreden von Schuldgefühlen, Lob)?

Meine Eltern arbeiteten mit folgender „Methode":

_____

_____

_____

Gab es in Ihrer Familie bestimmte Mottos und Sprichwörter (z. B. „Eigener Herd ist Goldes wert")? Nahmen Sie die Sprichwörter beim Wort?

Bei uns sagte man:

_____

_____

_____

Könnten Ihre Eltern von Ihnen behaupten, daß Sie ihnen nie Probleme bereitet haben? Waren Sie in Ihrer Pubertät so angepaßt, daß Sie meinen, etwas versäumt zu haben? Waren Sie in Ihrer Pubertät so umtriebig, daß Sie glauben, diese Zeit mit Oberflächlichkeiten vergeudet zu haben?

Ich habe meinen Eltern folgende Probleme (nicht) bereitet:

_____

_____

_____

Blieb ein Traum unerfüllt, ein Lebensziel unverwirk-licht, weil Sie von Ihren Eltern in der Pubertät nicht genug gefördert wurden oder sich nicht dafür interessierten? Sind Sie der Ansicht, daß sich Ihr Leben ganz anders gestaltet hätte, wenn Ihre Eltern damals anders reagiert hätten?

Ich bin der Meinung, daß.

Besuchten Sie eine weiterführende Schule? Hatten Sie gute Noten? Waren Sie eher ein Außenseiter oder der „Star der Klasse"?

Ich war während meiner Schulzeit.

Waren Sie in der Pubertät eher „frühreif" oder „Spätzünder"? Hatten Sie in der Pubertät Sex? Haben Sie in der Pubertät öfter Ihren Sexualpartner gewechselt?

Ich hatte während meiner Pubertät.

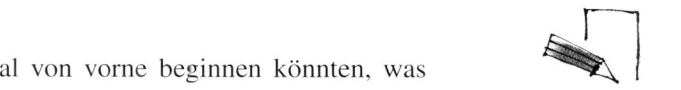

Wenn Sie noch einmal von vorne beginnen könnten, was würden Sie an Ihrer Pubertätszeit verändern?

Wenn ich von vorne beginnen könnte, würde ich:

Vermutlich sind bei der Beantwortung der einen oder anderen Frage die unterschiedlichsten **Erinnerungen** in Ihnen geweckt worden. Mit Hilfe Ihrer offenen **Antworten** können Sie sich in Ihre Jugendzeit zurückversetzen und überprüfen, ob Ihr aktuelles Verhalten möglicherweise auf eigenen Kindheitsprägungen basiert. Bedenken Sie bitte, daß ungelöste Probleme in Ihrer Jugendzeit jetzt Ihren Erziehungsstil negativ beeinflussen können. Nutzen Sie Ihre Erkenntnisse positiv: Möglicherweise sehen Sie Ihre eigene Pubertät und Ihre Eltern plötzlich in einem neuen Licht. Höchstwahrscheinlich entdecken Sie auch bekannte Züge im Verhalten Ihrer Tochter oder Ihres Sohnes, die Sie aus Ihrer eigenen Jugendzeit kennen. Vielleicht haben Sie jetzt sogar den Mut, Ihren Fragebogen mit Ihrer Tochter oder Ihrem Sohn durchzusprechen... zu ihrer beider Nutzen. Oder Sie ziehen es vor, den Fragebogen vor neugierigen Augen zu verstecken, weil Ihre Tochter / Ihr Sohn wahrlich nicht alles über Ihre Vergangenheit erfahren muß.

Kämpfen Sie nicht gegen ungelöste Konflikte Ihrer Jugend

„Es ist die Strafe unserer eigenen Jugendsünden,
daß wir gegen die unserer eigenen Kinder
nachsichtig sein müssen."

Friedrich Hebbel

Seien Sie
ehrlich zu sich
selbst.

Wenn Sie gerade versuchen einen Teenager großzuziehen, ist Ihnen sicher schon aufgefallen, daß Sie in den leidigen Auseinandersetzungen über ziemlich bekannte Dinge gestolpert sind. Der Streit mit Ihrem Jugendlichen kann einige seit Ihrer Jugend vergrabene Probleme zu Tage fördern. Vergessen und verdrängen? Das ist sicher nicht die richtige Strategie. Indem Sie mit Ihrem Jugendlichen ein zweites Mal erwachsen werden, erhalten Sie die einmalige Chance, die aus Ihrem Bewußtsein verbannten „harten Nüsse" Ihrer Teenie-Zeit für die Zukunft zu „knacken"... auch zum Wohle Ihres Jugendlichen. Doch wie merkt man, welche Jugendprobleme der Beziehung zum Teenie im Wege stehen? Die folgenden Warnzeichen weisen eventuell darauf hin, daß vergessen geglaubte Erfahrungen auf Ihre Erziehung einwirken.

Dinner for one

Erwarten Sie in einer bestimmten Situation von Ihrem Teenager, daß er eine bestimmte Sache exakt nach Ihrer Façon erledigt, weil Sie es in Ihrer Jugend ebenfalls so gemacht haben? Insistieren Sie beharrlich darauf, ohne akzeptable Gründe benennen zu können?

Marionette

Gibt es bestimmte Situationen, die eine extrem übertriebene Reaktion bei Ihnen hervorrufen? Ohne nachzudenken reagieren Sie, als ob eine fremde Macht die Fäden steuert. Sie geraten beispielsweise durch ein Verhalten Ihres Teenagers derart in Rage, daß Sie, ohne den Grund benennen zu können, die nächsten Tage nicht mehr mit ihm reden können. Wenn Sie derart unangemessen auf Ihren Teenager reagieren, ohne Ihren emotionalen „Reflex" rational begründen zu können, dann wurde er vielleicht durch irgend etwas aus Ihrer Vergangenheit ausgelöst.

Gefesselt

Wenn Sie sich nachts im Bett wälzen, weil Ihr Teenager z. B. ein schlechtes Zwischenzeugnis mit nach Hause gebracht hat, Sie sich aber bewußt sind, daß Ihre Sorge übertrieben ist, dann könnte Ihr Verhalten auf einer Erfahrung basieren, die Sie in der Vergangenheit gemacht haben.

Unforgiven

Wenn Sie auf Ihren Sohn oder Ihre Tochter ständig extrem wütend sind, kann es sein, daß diese Gefühlsregungen einen tieferen kausalen Hintergrund haben.

Wunder Punkt

„Mach doch was du willst", „das verstehe ich nicht", „damit kann ich überhaupt nicht umgehen". Kommen Ihnen diese Sätze bekannt vor? Es ist gut möglich, daß Ihr Teenager durch sein Verhalten Ihre „innere Achillesferse" berührt hat, die Sie schmerzt und deren Berührung Sie scheuen.

Zankteufel

Führen Sie gerade einen Machtkampf mit Ihrem Jugendlichen über ein bestimmtes Problem (z. B. über die täglich genutzte Lieblingshose, die ihr/ihm immer zwischen den Knien hängt)? Dann sollten Sie sich auf die Suche nach dem eigentlichen Grund machen, denn von existentieller

Bedeutung ist dieses Problem garantiert nicht. Treibt Sie vielleicht etwas aus Ihrer Vergangenheit zu Ihrer Überreaktion? Waren Ihre Eltern immer sehr darauf bedacht, daß Sie korrekt gekleidet auf die Straße gingen? Ist es wirklich soooo schlimm?

Haben einige unserer Beispiele ins Schwarze getroffen? Dann hinterfragen Sie doch einmal, warum Sie so reagieren. Vielleicht ist die Antwort nicht ganz leicht zu finden. Manche Eltern brauchen eventuell professionelle Unterstützung bei Ihrer „Expedition in die vergangene Jugend", den meisten hilft sicher bereits ein ermunterndes Gespräch mit einer verschwiegenen Freundin oder einem diskreten Freund.

Woher hat er/sie das bloß?

Die Vergangenheit zu kennen und zwischen Vergangenheit und Gegenwart zu differenzieren, das ist das A und O einer guten Elternschaft. Hierzu einige „Muster-Fehler" von Eltern, deren Blick zurück nur im Zorn geschieht:

Notwendigkeiten übersehen

Eine Mutter aus unserem Bekanntenkreis war durch das Verhalten ihrer Tochter sehr verunsichert. Jeden Tag hatte sie für uns eine neue Geschichte parat: „Meine Tochter hat im Zwischenzeugnis fünf Vierer", „sie ist letzte Nacht wieder erst um 3.00 Uhr nach Hause gekommen", „sie benahm sich ziemlich komisch, ich glaube sie hatte diese Modedroge Ecstasy genommen..."

Obwohl die Probleme ihrer Tochter offensichtlich waren, unternahm die Mutter keinen Versuch, mit ihrer Tochter darüber zu sprechen, geschweige denn weitere Schritte einzuleiten. In einem ernsten Gespräch mit der Mutter erfuhren wir mehr über ihre eigene Pubertät.

Diese Mutter war in einem streng religiösen Haus aufgewachsen und war genau das Gegenteil ihrer Tochter. Als liebes, braves und fleißiges Mädchen hatte sie ihren Eltern nie Probleme bereitet. Ihr Vater führte zu Hause ein strenges Regiment. Bis zu ihrem 21. Lebensjahr war sie mit keinem einzigen Jungen ausgegangen. Als Jugendliche hatte sie sich immer einsam und isoliert gefühlt.

Aufgrund ihrer strengen Erziehung erlaubte sie ihrer Tochter alles, was ihr versagt geblieben war. Als Jugendliche hatte sie sich gewünscht, ein Leben zu führen, wie es ihre Tochter jetzt tat. Deswegen fiel es ihr natürlich sehr schwer, mit ihrer Tochter ein ernstes Wort zu reden. Ihre eigene Vergangenheit verhinderte den richtigen Umgang mit ihrer Tochter. Erst als sie sich dessen bewußt wurde, konnte sie versuchen, ihre Tochter von ihrer selbstzerstörerischen Lebensweise abzulenken.

Zerrspiegel

Ein befreundeter Therapeut erzählte uns folgende Geschichte: Sabine kam mit Matthias verzweifelt in seine Sprechstunde. „Mein Sohn ist völlig wild und unkontrollierbar." Bereits nach einigen Therapiestunden war klar, daß nicht Matthias, sondern Sabine ein Problem hatte. Sabine war sehr streng erzogen worden, selbst für die kleinsten Kleinigkeiten wurde sie hart bestraft. Doch anstatt auf ihre Eltern wütend zu sein, projizierte sie ihre damalige Ohnmacht auf ihren Sohn. Das Verhalten ihrer Eltern legitimierte sie, indem sie von sich selber sagte, daß sie ein wirklich störrisches, schwieriges Kind gewesen sei, das die straffen Zügel gebraucht habe. Ähnlich unberechtigt autoritär behandelte sie nun Matthias.

Sabine hatte verdrängt, daß sie von ihren Eltern definitiv ungerecht und schlecht behandelt worden war, und versuchte durch ihre strengen Erziehungsmethoden nachträglich die ihrer Eltern zu rechtfertigen. Es ist schwierig zu akzeptieren, daß man von den eigenen Eltern unfair behandelt wurde. Viele fühlen sich dadurch von ihren Eltern nicht geliebt und können dieses schmerzliche Gefühl nicht ertragen. Indem sie die Vergangenheit durch einen rosafarbenen Zerrspiegel betrachten und sich einreden, daß sie die besten Eltern der Welt gehabt hätten, übernehmen sie eventuell den gleichen zerstörerischen Erziehungsstil.

Reminiszenzen

Jörg war sich, bevor er anfing seine Vergangenheit zu analysieren, überhaupt nicht bewußt, wie verhängnisvoll sie sich in die Gegenwart mogeln kann. Esther ist die ältere und hübschere seiner zwei Töchter, Regina die schlaksige Bohnenstange. Jörg war den beiden in ihrer Kindheit ein liebevoller Vater gewesen. Als Esther in die Pubertät kam, wandte er sich von ihr ab und widmete sich nur noch seiner weniger attraktiven, jüngeren Tochter Regina. Auf die Frage, warum er denn nichts mehr mit Esther unternähme, sagte er: „Esther hat sowieso nur Jungen und die nächste Techno-Party im Kopf". Esther bemerkte natürlich die Veränderung im Verhalten ihres Vaters und war eifersüchtig auf ihre kleine Schwester Regina.

Später erzählte uns Jörg, daß er selber ein Spätzünder gewesen war. Während andere Jungen bereits mit Mädchen knutschten, legte er bei Partys nur die Schallplatten auf. Mit Regina konnte er sich leichter identifizieren, während Esther ihm durch ihre Attraktivität und Beliebtheit verunsicherte. Fast hätte er die Hilferufe seiner Ältesten nicht wahrgenommen. Erst als ihm das bewußt wurde, konnte er sich Esther wieder annähern.

Du sollst es einmal besser haben

Während manche Eltern die Erinnerungen an ihre Pubertät verdrängt haben, ist sie für einige noch sehr lebendig. Deswegen betrachten einige Väter oder Mütter die Pubertät ihres Kindes als Gelegenheit, die eigenen Fehler zu bereinigen. Die alleinerziehende Bettina schickte ihren Sohn Robert zu einem Therapeuten, da sie sich Sorgen machte. Robert hatte „schlechten Umgang", rauchte und mußte aus reiner Faulheit im vergangenen Jahr vom Gymnasium auf die Realschule wechseln. Da der handwerklich begabte Robert beschlossen hatte, eine Schreinerlehre zu machen, empfand er den Wechsel als positiv. Bettina hatte kurz nach Beginn ihres Biologiestudiums geheiratet und Robert bekommen. Während ihr Mann weiter studierte, machte sie eine Ausbildung zur Zahnarzthelferin, doch sie bereute stets, Biologie nicht fertig studiert zu haben. Für Robert hatte sie sich geschworen, daß ihm alle Türen offen stehen sollten, die ihr selbst verschlossen waren. Deswegen wurmte es sie, daß er seine Chancen scheinbar verschenkte. Robert bemerkte, daß seine Mutter ihn benutzte, um ihre eigenen Träume zu verwirklichen. Nachdem Bettina einmal erkannt hatte, was sie da machte, hörte sie auf, Robert weiter anzutreiben, und er brauchte nicht mehr zu rebellieren.

Haben Sie keine Angst!

Es gibt im Leben keine mit der Pubertät vergleichbare Zeit mit derart stürmischen physischen und psychischen Veränderungen. Der Körper des Jugendlichen wird zur „Baustelle". Auf der Suche nach der neuen Identität müssen verrückte Frisuren genauso erprobt werden wie die erste unglückliche Liebe und der erste deftige Familienkrach. Teenager schwanken in dieser Zeit oft zwischen maßloser Selbstüberschätzung und tief empfundener Hilflosigkeit. Doch die „zweite Geburt" macht die Jugendlichen zu äußerst verletzlichen Wesen.

Nestflüchter

Mit dem „Flüggewerden" der Kinder beginnt für die Eltern ein neuer Lebensabschnitt.

Für viele Eltern ist es ebenso schmerzhaft zu merken, daß sich die enge Verbindung zu ihrem Kind langsam löst. Ihnen wird bewußt, daß sie nun – auch wenn sie sich noch so jugendlich fühlen – für ihre Kinder zum „alten Eisen" gehören.

Durch den Blick auf Ihre Vergangenheit können Sie nicht nur Ihre eigenen Reaktionen besser durchschauen, sondern auch das Verständnis für Ihren Teenager vergrößern. Die Vergangenheit ist eine nicht zu unterschätzende Instanz im Verhältnis und Verständnis der Generationen. Der „Blick zurück ohne Zorn" bewahrt Sie davor, Fehler aus Ihrer Vergangenheit zu wiederholen und eigene Verletzungen an Ihre Kinder weiterzugeben. Sie sind Ihrem Kind dadurch nicht nur bessere Eltern, sondern Sie vermitteln Ihrem Kind auch ein besseres „Elternmodell". Zeigen Sie Ihrer Tochter oder Ihrem Sohn, daß Sie selber auch einmal jung waren und ähnliche Gefühle hatten. Geben Sie ihr/ihm (und damit vielleicht auch Ihren Enkeln) Ihr Mitgefühl und Ihr Verständnis mit auf ihren/seinen langen Lebensweg.

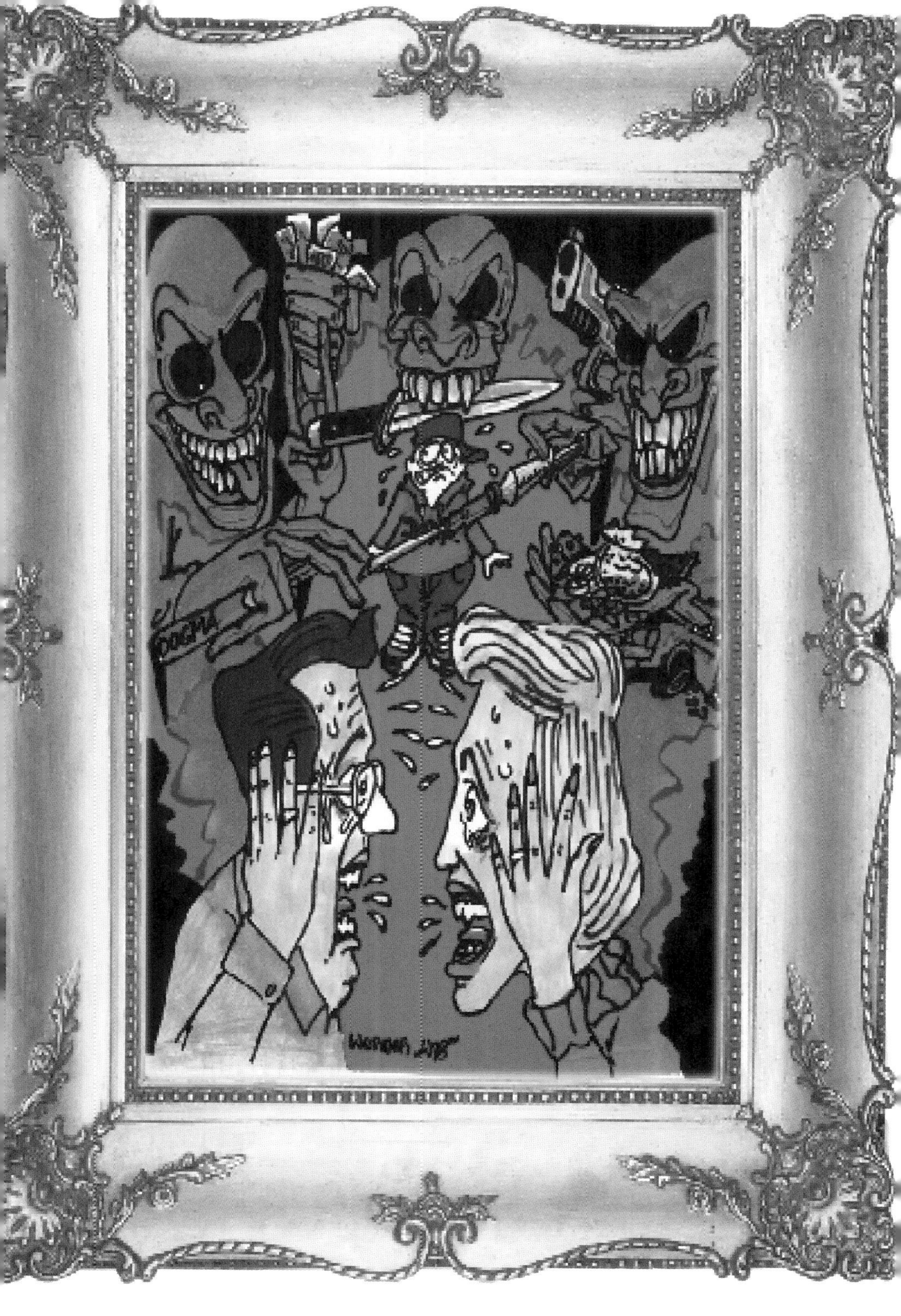

Ganz fest loslassen oder das Alphabet des Zusammenlebens

Entsinnen Sie sich, wie Sie Ihren Säugling gefüttert, gebadet, gewickelt und auf das Bäuerchen gewartet haben? Erinnern Sie sich an die anstrengende Zeit, als Ihr Baby – trotz intensivster Pflege – partout nicht durchschlafen wollte? Ist die erste Nacht, in der Sie nach Wochen oder sogar Monaten nicht durch nächtliches Geschrei geweckt wurden, in Ihrem Kalender mit drei dicken roten Kreuzen versehen und zum privaten Familienfeiertag deklariert worden? Dachten Sie, die anstrengendste Zeit sei mit dem Tag, an dem Sie Ihr Kind mit der Schultüte in der Hand stolz zur Grundschule begleiteten, Vergangenheit?

Weit gefehlt! Denn aus Kindern werden Teenager. Und Teenager bereiten einem nicht nur schlaflose Nächte: Ist Ihre Tochter beim Ladendiebstahl erwischt worden? Will wieder einmal niemand mit zum Familienfest, vor allem nicht in entsprechender Kleidung? Konnten Sie die letzte Nacht nicht schlafen, weil Ihr Kind erst um sechs Uhr morgens nach Hause gekommen ist? Hört Ihr Sohn schon wieder so laut Musik, daß die Nachbarn die Polizei gerufen haben?

Was ist geschehen? Nach Jahren freiwilliger emotionaler und wirtschaftlicher Selbstaufopferung Ihrerseits ist aus Ihrem lieben kleinen Baby ein Fremder geworden. Dieser genießt bei Ihnen zu Hause freie Kost und Logis, zeigt aber kein Interesse an einem persönlicheren Verhältnis zu Ihnen.

Auf eine Entschädigung für die Mühen der Elternschaft können Sie noch lange warten, denn Sie haben einen Teenager und damit haben Sie wahrscheinlich ein Problem! Da Sie zu 99 Prozent nicht vorhaben, Ihr Kind zur Adoption freizugeben, müssen Sie die nächsten Jahre irgendwie gemeinsam überbrücken. Eine perfekte Gebrauchsanweisung kann Ihnen leider niemand bieten, denn der Abnabelungsprozeß gestaltet sich in jeder Familie anders. Ihr langfristiges Ziel lautet: Kontrolle aufgeben! Doch mindestens bis zum 18. Lebensjahr genießt Ihr Teenager noch Vollpension bei Ihnen. Und in dieser Zeit sollten Sie eines wirklich nicht verlieren: Ihre Geduld und vor allem Ihren Humor! Es gibt einige Strategien, die Eltern helfen können, Konflikte mit Teenagern zu lösen, anstatt einseitig Regeln zu verschärfen. Ob Sie im einzelnen funktionieren, hängt von Ihrer Geschicklichkeit und der Kooperationsbereitschaft Ihres Teenagers ab. Doch erfahrene Eltern wissen, daß gewisse Strategien helfen können, beidseitige Frustrationen zu minimieren. Hier einige Tips von A wie Abmachungen einhalten bis Z wie Zugeständnisse machen:

Abmachungen einhalten

Um Ihrem Jugendlichen eine gewiße Sicherheit zu vermitteln, ist es notwendig, daß Sie sich konsequent an einmal getroffene Abmachungen halten. Tun Sie dies nicht, erzeugen Sie schnell berechtigte Trotzreaktionen. Würden Sie Ihre Meinung gerne revidieren, dann warten Sie wenigstens so lange, bis Ihr Teenager die Abmachung vergessen hat!

Bleiben Sie souverän

Ihre Familie ist ein dynamisches System. Jedes Mitglied hat in diesem System gewisse Rechte und Pflichten. Sie sind dabei die Exekutive, aber bitte: re(a)gieren Sie demokratisch. Sie ziehen zwar gewisse Grenzen, das heißt aber nicht, daß Sie überall Schranken errichten müssen. Setzen Sie realistische Verbote. Sind Sie z. B. Kettenraucher, ist es relativ unrealistisch, Ihrem Kind das Rauchen zu verbieten. Klären Sie Ihr Kind über die Risiken des Rauchens auf und ernennen Sie einen Tag in der Woche zum „Nichtraucher-Tag".

Carpe diem

Es ist relativ leicht, die eigene Frustration dem Teenager in die Schuhe zu schieben. Seien Sie nicht so egozentrisch! Oft dient Ihnen Ihr Teenager als bequeme Ausrede Ihrer geistigen und körperlichen Unflexibilität. Vielleicht sind Sie einfach nur schlecht organisiert? Nutzen Sie den Tag und lösen Sie Ihre Probleme!

Der Klügere gibt nach

Haben Sie sich in letzter Zeit mit dem Gedanken getragen, einen Rhetorik-Kurs an der heimischen Volkshochschule zu besuchen? Tun Sie es doch einfach. Denn Teenager debattieren für ihr Leben gerne. Und Sie sollten zu Hause stets bemüht sein, Streitfragen offen zu diskutieren. Wenn Ihr Kind mit einer vernünftigen Argumentation aufwartet, sollten Sie auf seine Forderungen eingehen. Scheuen Sie sich nicht, Ihre Meinung eventuell zu ändern. Damit geben Sie sich keine Blöße, sondern zeigen Ihrem Kind, daß Sie seine Rechte anerkennen. Hören Sie Ihrem Kind zu, wenn es spricht, denn so bekommt es von Ihnen das Gefühl, daß Sie seine Probleme ernst nehmen und versuchen, seinen Standpunkt nachzuvollziehen. Außerdem vermitteln Sie die

positive Botschaft, daß man das Verhalten seiner Mitmenschen beeinflußen kann, wenn man bereit ist, auch das
eigene Verhalten zu überdenken. Das bedeutet nicht, daß Sie
Verhaltensweisen akzeptieren müssen, die Sie nicht wünschen. Geben Sie dem ewigen Gemecker bloß nicht einfach
nach, sonst probiert es Ihr Teenager immer wieder mit dieser Strategie.

Erklären Sie sich

Erinnern Sie sich? Kleine Kinder können einem Löcher in
den Bauch fragen. Ihre Geheimwaffe bei verfahrenen
Situationen war sicher das schlagende Argument: „Weil ich
es dir sage". Damit ist es nun vorbei! Ihr Teenager bildet
sich nämlich seine eigenen Werturteile (und er neigt diesbezüglich zu äußerst strengen und absoluten Kategorien). Sie
müssen von nun an Ihre Wünsche erklären und Ihre Gefühle
verbalisieren. In der Regel spürt Ihr Kind, daß Sie es gleichberechtigt behandeln und wird daher eher bereit sein,
Entscheidungen zu akzeptieren. Sagen Sie ihm doch einfach, wenn Sie sich geärgert haben. Anstatt gleich auf
Konfrontationskurs zu gehen, werden Sie so gezwungen,
sich über Ihre eigenen Emotionen klar zu werden.
Aggression führt oft nur zu sehr destruktiven Streitigkeiten,
die den anderen zum Blitzableiter machen, ohne eine
Lösung herbeizuführen.

Freiheit der Berufswahl

Bedenken Sie, Ihre Kinder sind alles völlig unterschiedliche
Menschen, mit unterschiedlichen Bedürfnissen und Stärken.
Helfen Sie Ihrem Kind dabei, ein Betätigungsfeld zu finden,
in dem es sich gerne engagiert und Erfolg hat. Zwingen Sie
es nicht, in Ihre Fußstapfen zu treten, sondern zeigen Sie
ihm, daß Sie stolz auf seine Leistungen sind. Sprechen Sie
nicht abfällig über seine Interessen und Neigungen, sonst

fühlt sich Ihr Kind ausgegrenzt und nicht akzeptiert. Erinnern Sie sich an Ihre „Sturm und Drang-Periode", als Sie noch die große Revolution planten oder in Griechenland mit ein paar Freunden eine Kneipe am Strand eröffnen wollten. Tun Sie Ihr Möglichstes, um das Selbstbewußtsein Ihres Kindes aufzubauen und zu stärken. Sie glauben gar nicht, wie wichtig Ihre positive Resonanz für Ihre Kinder ist.

Geduld ist das A und O

Alle Eltern sind Hobby-Psychologen. Gerne werden Ihnen andere Eltern kilometerlange Listen erstellen, die aufzeigen, was Sie mit Ihrem Teenager alles verkehrt machen (können). Doch zäumen Sie das Pferd einmal von der anderen Seite auf: Versuchen Sie zu erkennen, was Sie richtig machen (können). Denn das ist die effektivste Methode, einen widerspenstigen Teenager zu zähmen und Ihre Beziehung zu ihm zu verbessern. Geduld und Toleranz sind nämlich die beste Medizin.

Harte Sanktionen

Sanktionen sollten nur als letztes Mittel dienen. Drohen Sie vorher mit der Sanktion, damit Ihrem Kind die Möglichkeit zum Rückzug offen bleibt. Sanktionen sollten jedoch nie – wie z. B. körperliche Bestrafung – erniedrigenden Charakter haben. Erfahrungsgemäß wirkt die Streichung finanzieller Mittel: kein Kauf eines neuen Pullovers, kein Taschengeld, keine neue CD. Sanktionen sollten Sie aber nur einsetzen, wenn die Tat wirklich nicht toleriert werden kann. Vorsicht Falle: Einige Eltern drohen auch mit Ausgehverbot, lassen dabei aber außer acht, daß Sie womöglich ein Wochenende lang einen quengelnden Teenager zu Hause haben. Eine elegante und sehr beliebte

Variante ist die Auferlegung von zusätzlichen, zeitlich begrenzten Pflichten wie Fensterputzen, Staubsaugen oder Unkrautjäten.

Intimsphäre akzeptieren

Als ein befreundeter Vater seinem 16jährigen Sohn in einem Anfall von Zärtlichkeit über den Kopf streicheln wollte, meinte dieser lakonisch: „Wenn du unbedingt jemanden streicheln willst, dann kauf' dir einen Hund."

Jackett oder Jeans

Viele Eltern sorgen sich darüber was „die Leute" denken, wenn ihr Kind in ihren Augen nicht ordnungsgemäß gekleidet ist. Sie sehen darin eine Art Provokation, die einem einzigen Zweck dient: „Sie/er will uns doch nur ärgern". In Wirklichkeit gefallen die „Klamotten" Ihrem Teenager.

Kinder sind gleich

„Mein Vater bevorzugt eindeutig meine Schwester, er hackt immer nur auf mir herum", meint Kevin aus München. Sein Vater behauptet natürlich, daß er beide seiner Kinder gleich behandelt. Doch er tut es garantiert nicht, egal wie bemüht er darum ist. Und er hat recht damit, denn jedes Kind benötigt eine andere „Behandlung", hat doch jedes ein eigenes Temperament. Ratsam ist es für Eltern, keine Vergleiche zwischen den Kindern zu ziehen und damit Gefahr zu laufen, eine Rivalität zwischen den Geschwistern aufzubauen. Schimpfen Sie also nicht gleich mit dem Teenager, wenn er sich mit seinen jüngeren Geschwistern streitet, sondern trennen Sie die Zankäpfel und treten Sie als diplomatischer Vermittler auf. Denn zum Streiten gehören immer zwei und außerdem ist immer der/die andere schuld.

Leitplanken ziehen

Ein Patentrezept für Elternschaft gibt es nicht. Jede Familie ist ihre eigene kleine Republik, mit einer eigenen Verfassung und eigenen Gesetzen. Diese Gesetze oder „Leitplanken" sind notwendig, gestalten sie doch das Leben in dieser kleinen Republik erträglicher. Das gilt vor allem für das kritische Alter der Adoleszenz. Bei unseren Gesprächen mit Jugendlichen bezeichneten selbst Teenager, die laut eigener Aussage oft mit ihren Eltern stritten und den Erziehungsstil ihrer Eltern als streng einstuften, das Verhalten ihrer Eltern als gerecht. Fachleute sind sich einig: Die meisten Teenager akzeptieren und brauchen gewisse Leitplanken auf ihrem mühsamen Weg ins Erwachsenendasein. So paradox es klingt: Ihre Tochter oder Ihr Sohn erwarten keine absolute Freiheit, sondern gewisse Grenzen, auch wenn sie/er dagegen ankämpft. Wichtig ist, daß sich jeder als Mini-Republik, also als eigenständige Person, liebevoll respektiert fühlt. Vielleicht ist es bei Ihnen 'mal wieder Zeit für eine Familien-Parlamentssitzung?

Macht oder „Vereint kämpft es sich besser"

Wenn beide Elternteile an einem Strang ziehen, läßt sich die „Familienpolitik" bekanntlich besser durchsetzen. Doch Ihr Teenager wird alles daran setzen, Sie gegeneinander auszuspielen. Setzen Sie sich mit Ihrem Partner zusammen, denn wahrscheinlich werden Sie nicht nur mit neuen, sondern auch mit Problemen aus Ihrer Vergangenheit konfrontiert. Oft ist die Pubertät der Kinder der Auslöser, daß eine Familie erstmals offen über Probleme und Gefühle spricht.

Nur nicht drängen

Versuchen Sie nie, Ihrem Jugendlichen Ihre Lösung aufzudrängen, sondern wägen Sie gemeinsam mit ihm das pro und contra ab und lassen Sie ihn seine eigenen

Schlußfolgerungen ziehen. Der Aspekt der Freiwilligkeit läßt Ihren Teenager, wenn Sie Glück haben, sogar die Geschirrspülmaschine bereitwillig ausräumen.

Offen sein

Viele Jugendliche wünschen sich Gespräche mit ihren Eltern über die unterschiedlichsten Themen, wie beispielsweise Abtreibung, Drogen, Umweltverschmutzung, Todesstrafe, Tierschutz, Krieg oder zivilen Ungehorsam. Hören Sie genau zu und vermitteln Sie dem Jugendlichen nicht den Eindruck, daß Sie diese Themen nicht interessieren, da Sie a) schon gelöst oder b) sowieso unlösbar sind. Mit Zynismus verletzen Sie nur Ihren Gesprächspartner und verdecken wahrscheinlich Ihre eigenen Gefühle.

Psst... stör' mich nicht

Während Ihr kleines Kind keinen Gedanken und kein Gefühl hinter dem Berg gelassen hat, gelten Teenager eher als schweigsame Spezies. Seien Sie ehrlich, es bedarf wirklich einiger Entschlossenheit und Willenskraft die one-way-Kommunikation mit einem Jugendlichen aufrechtzuerhalten, der gerade beschlossen hat, mit Menschen über 20 Jahren nicht mehr zu sprechen. Aber geben Sie den Mut nicht auf, es lohnt sich und es ist unerläßlich. Denn wie können Probleme gelöst werden, die nicht angesprochen werden? Üben Sie sich im Zuhören und gehen Sie auf jedes Gesprächsangebot ein, auch wenn Ihnen der Augenblick als unpassend erscheint, er ist womöglich Ihre letzte Chance.

Quälgeist

Christine geht in den Keller, wenn sie ihren 16jährigen Quälgeist Jasmin nicht mehr ertragen kann. Was sie da macht? Sie öffnet einen alten Karton und sieht sich die

DU, DIESER THOMMY PASST MIR EHRLICH GESAGT ÜBERHAUPT NICHT!!
NACHHER MACHEN DIE NOCH WAS KAPUTT ODER PÖBELN LEUTE AN! DER IST JA HIER AUCH SCHON SO UNHÖFLICH, WENN ER HIER IST! UAAAH!
HÄ?
DER HAT DOCH NUR FLAUSEN IM KOPF!
SO EIN SCHMARRN
DER ZIEHT DICH DOCH NUR MIT IN SEINEN SUMPF REIN!!
...UND VON DER SCHULE HÄLT DER DICH AUCH NOCH AB!
MEIN KIND RAUBT DER MIR NICHT! WAS DER ALLES AN-STELLEN KÖNNTE!
ES STIMMT JA GAR NI
DER BEEINFLUßT DEINEN GANZEN LEBENSSTIL! - UND DAS NICHT GERADE POSITIV!
WIE DER HIER AUCH DAS HAUS IMMER UNTER BESCHLAG NIMMT! UFERLOS!!
WAMM!!
...UND WIE STEH' ICH DA, WENN ER DOCH GANZ IN ORDNUNG SEIN SOLLTE? NICHT AUSZUDENKEN!!

Babysachen ihrer einstmals süßen Tochter an, weint drei Krokodilstränen und erträgt den Rest des Tages mit Würde.

Regeln aufstellen

Um ein einigermaßen geordnetes und friedvolles Familienleben führen zu können, müssen bestimmte Regeln eingehalten werden. Nämlich erstens die sogenannten kategorischen Regeln, die beispielsweise festlegen, daß die Eltern immer wissen, wo sich der Teenager aufhält oder, daß ihr Teenager nie betrunken Mofa fährt. Diese unverletzlichen Regeln sollten Sie Ihrem Teenager selber vorleben, indem auch Sie sich nicht betrunken ans Steuer setzen. Die zweite Klasse von Regeln legt fest, daß es um 19 Uhr Abendessen gibt, die schmutzige Wäsche in den Wäschekorb gehört, Karina montags das Bad putzt und Paul dafür die nächste Woche abspült. Bei ihnen ist die Nichteinhaltung programmiert, deswegen sollte die zweite Kategorie von Regeln sich auch auf ein Minimum beschränken, um allzu große Frustration zu vermeiden. Und bedenken Sie bitte, Jugendliche haben ein ausgeprägtes Gespür für Fairneß und Gerechtigkeit. Wenn Sie selber mit einer Doppelmoral urteilen, sind Ihre Regeln schnell überflüssig. Bei den Aspekten Kleidung, Haartracht, Zimmer, Bad- und Telefonbenutzung sollten Sie sich ein gewißes „laissez-faire-laissez-aller" zu eigen machen, wenn Sie einen Herzinfarkt vermeiden wollen.

Seien Sie stolz auf Ihren Teenager

Kennen Sie das Prinzip des positiven Verstärkers? Wenn man für eine bestimmte Verhaltensweise eine positive Resonanz erhält, dann ist es wahrscheinlich, daß man diese Verhaltensweise wiederholt (gleiches gilt übrigens für das Gegenteil). Äußern Sie also Ihre Freude über ein

von Ihnen geschätztes Verhalten. Danken Sie Ihrem
Teenager, wenn er daran gedacht hat, den Müll herun-
terzutragen, loben Sie ihn für eine gute Note, be-
glückwünschen Sie ihn für einen sportlichen Erfolg. Zeigen
Sie ihm, wie stolz Sie auf ihn sind. Wenn etwas schief geht
ist das aber auch kein Beinbruch!

Toleranz

Tolerant sein ist schwer. Versuchen Sie es trotzdem. Zeigen
Sie Ihrem Kind, daß Sie sein Bestes wollen. Bedenken Sie
dabei, daß Ihr Kind das eigentlich nur selbst herausfinden
kann (und wird). Zu der größten Aufgabe Ihres Teenagers
gehört es, erwachsen zu werden, eigenverantwortlich zu
handeln und sich selbst und seine Wünsche kennenzulernen.
Erinnern Sie sich daran, daß das Verhalten, das Ihnen als
reine Trotzreaktion erscheint, keine Rebellion um ihrer
selbst willen ist, sondern ein notwendiger Schritt, um einmal auf eigenen Beinen stehen zu können. Tolerieren Sie
die Gehversuche Ihres Kindes.

Unabhängigkeit, ich komme!

Niemand ist empfindlicher als ein Teenager, dem unterstellt
wird, daß er noch nicht auf eigenen Füßen stehen kann,
denn er will nicht mehr als Kind behandelt werden. Jede
kleine Bemerkung wird schnell als Gängelung interpretiert.
Vermeiden Sie deshalb jeglichen gutgemeinten Ratschlag.
Ihre Aufgabe ist es, den Prozeß des Erwachsenwerdens
aktiv zu begleiten und nicht, Ihren Teenager unselbständig
und klein zu halten. Übertragen Sie ihm einige
Verantwortung. Mit dem fixen Taschengeld lernt er schnel-
ler, mit den eigenen Finanzen umzugehen. Überlassen Sie
ihm einmal in der Woche die Zubereitung der Mahlzeit für
die ganze Familie (spätestens in der Wohngemeinschaft
wird sie/er Ihnen dankbar sein). Auch als Babysitter für die

kleineren Geschwister sind Teenager ideal und flexibel einsetzbar (handeln Sie vorab einen angemessenen Stundenlohn aus). Mit dem Reifeprozeß muß Ihr Teenager lernen, für die Konsequenzen seines Handelns geradezustehen, doch Sie sollten ihn, wenn Sie darum gebeten werden, weiterhin jederzeit unterstützen.

Verhandlungssache

Haben Sie schon einmal versucht, in Griechenland einen Teppich auf dem Markt zu kaufen? Der Händler nennt Ihnen garantiert einen völlig überhöhten Eingangspreis. Sie steigen auf den Handel ein und machen ihm ein viel niedrigeres Angebot. Wenn Sie es geschickt anstellen, zahlen Sie einen Preis, der irgendwo in der Mitte liegt. So ähnlich sollten Sie mit Ihrem Teenager verhandeln. Statt stur auf Konfrontation zu setzen, sollten beide Seiten vom Handel profitieren und ein wenig nachgeben, damit sich keiner von beiden als Verlierer fühlt. Wobei Sie immer die Rolle des Teppichkäufers einnehmen werden, denn von Ihrer Flexibilität und Anpassungsfähigkeit hängt es letztendlich ab, ob Sie Ihr Ziel erreichen. Der Teppichhändler, also Ihr Kind, kann manchmal hartnäckig wie ein Esel sein.

Weggehen oder „gemeinsam geht vor einsam"

Ihrem Sohn oder Ihrer Tochter fällt es sicher nicht leicht, autoritäre Entscheidungen Ihrerseits bedingungslos zu akzeptieren. Versuchen Sie es doch einmal gemeinsam. In der Regel akzeptieren Jugendliche Ge- und Verbote eher, wenn Sie an der Entscheidungsfindung beteiligt werden. Anstatt unter der Woche ein absolutes Weggehverbot zu verhängen ist es doch eine gute Idee, mit Ihrem Teenager darüber zu diskutieren, welches zeitliche Limit akzeptabel ist, ohne daß Hausaufgaben und Nachtruhe darunter leiden.

X

X war schon in der Mathematik immer die unbekannte Größe. Und irgendwann kommt der Tag X, an dem Sie wieder alleine wohnen werden. Wetten, daß Sie den Zeiten mit Ihrem Teenager hinterhertrauern werden?

Yoga

Yoga ist nur ein Beispiel für viele Arten, sich zu entspannen. Ein wichtiger Ratschlag für Eltern: Vergessen Sie im Zusammenleben mit einem schwierigen Jugendlichen nicht sich selber. Denn Ihr Leben erschöpft sich nicht in Ihrer Elternrolle. Mit Hilfe körperlicher und geistiger Entspannungsübungen können Sie versuchen, im größten Streß den Überblick und die Ruhe zu bewahren. Ziehen Sie daraus aber nicht den Schluß, daß Sie alles alleine schaffen müssen. Beziehen Sie Ihre Freunde und Menschen, die Ihnen nahe stehen, in Ihr Elternleben ein. An dem alten Sprichwort „geteiltes Leid ist halbes Leid" ist viel Wahres dran.

Zugeständnisse... von der Schwierigkeit loslassen zu können

Wenn Ihr Kind lernen soll, Verantwortung zu übernehmen, dann müssen auch Sie etwas lernen! Und zwar loszulassen. Vielen Eltern fällt es nicht leicht zu akzeptieren, daß sie langsam aber sicher überflüssig werden. Gerade in einer unglücklichen Ehe bildet das Kind den emotionalen Mittelpunkt und ist für viele die einzige sichere Beziehung, die einem von niemandem genommen werden kann. Deswegen erwarten viele Eltern, daß sie für ihre heranwachsenden Kinder immer noch eine große Rolle spielen.

Aber spätestens, wenn diese ihre eigene Familie gründen, werden die Eltern zweitrangig. Wer versucht, ewige Kontrolle auszuüben, der riskiert, sein Kind ganz zu verlieren.

Das ewige Thema Schule

„Man soll den Tag nicht vor der sechsten Stunde loben."

Unbekannter Schüler

Ein Blick auf die Lateinvokabeln genügt, um bei einigen Eltern schreckliche Erinnerungen zu wecken. Bei dem Geruch von Böden, die mit Bohnerwachs auf Hochglanz poliert wurden, wird manchen vielleicht heute noch übel. Gerade Eltern, die selber keine positiven Erinnerung an ihre ABC-Schützen-Zeit hegen, möchten in ihrem späteren Leben möglichst wenig mit ihr konfrontiert werden. Deswegen reagieren sie um so gereizter, wenn ihr Jugendlicher sie mit Schulproblemen konfrontiert. Auf der einen Seite pflichten viele Eltern ihrem Sprößling bei, daß Schule zum großen Teil öde Lernerei ist, die Lerninhalte nicht auf die Bedürfnisse der Schüler abgestimmt werden und Eigenständigkeit nicht gerade großgeschrieben wird. Auf der anderen Seite erwarten Eltern aber, daß ihr Teenager sich dennoch in seiner „Penne" zurechtfindet.

Trotz der Eltern-Lehrer-Schüler-übergreifenden Diskussion um das „Zuwenig" oder „Zuviel" an Bildung und Erziehung bleibt die Schule – nach der Familie – das wichtigste im Leben eines Jugendlichen. Denn hier erlernt er – neben dem normalen Lehrstoff – auch soziale Fähigkeiten, die er im weiteren Leben gut gebrauchen kann. Durch den Schuleintritt findet die erste Emanzipation vom Elternhaus statt. Der Lehrer oder die Lehrerin ist vielleicht der erste Erwachsene neben den Eltern, zu dem das Schulkind einen eigenständigen Kontakt aufbaut. Die Mitschüler fordern in heißen Diskussionen zum Konkurrenzkampf heraus und durch das Freizeitangebot (von Volleyball bis hin zur Philosophie-Lektüre) werden viele neue Interessen geweckt. Die Schule erweitert aber nicht nur den Horizont, sie lehrt den Jugendlichen auch, über die Erfahrung von Erfolg und Mißerfolg, Vertrauen in seine Fähigkeiten zu entwickeln.

Manchmal bewirkt die Schule natürlich genau das Gegenteil. Bei einigen Schülern macht sich mit dem Eintritt in eine weiterführende Schule im Alter von 10 oder 11 Jahren ein Leistungsabfall bemerkbar, der sich nicht nur in schlechteren Zeugnissen, sondern auch in sinkendem Selbstbewußtsein niederschlägt. Aufgrund der Tragweite der Entscheidung halten viele Fachleute den Wechsel zu diesem Zeitpunkt für verfrüht. Es ist, vor allem mit Blick auf die „Krisenzeit Pubertät", ratsam eine Schulform zu wählen, die Ihrem Kind auch nach der neunten oder zehnten Klasse einen Weg „nach oben" offen hält. Denn für einige Teenager sind der Leistungsdruck und die Anforderungen an ihrer Schule viel zu hoch. Sie können bei manchen Schülerinnen oder Schülern sogar zu Depressionen oder psychosomatischen Beschwerden führen. Das liegt mit Sicherheit auch an dem „Bildungswahn" einiger Eltern, die ihre Kinder mit zwei Jahren schon in einen Schwimmkurs schicken, die auf Klavierunterricht bestehen, bevor ihr Kind laufen kann, spätestens im Alter von sechs Jahren ihr Kind in das erste Tennis-Camp schicken und den Besuch des Gymnasiums (trotz Abratens des Grundschullehrers) für selbstverständlich halten. Mehr als die Hälfte aller Schüler nehmen in ihrer Schulkarriere (teure) Nachhilfe in Anspruch und müssen – oft verfrüht – ihre Fremdsprachenkenntnisse als Gastschüler in einer französischen oder englischen Familie vervollkommnen. Eine permanente Überforderung durch tägliche Versagererlebnisse kann die Folge sein.

Schulnöte?
Rufen Sie Ihr lokales
Sorgentelefon an!

Thema Hausaufgaben:

Generell machen sich alle Eltern mehr Sorgen um die Hausaufgaben als ihre Teenager. Viele sind überzeugt, daß ihr Kind bei einer Klassenarbeit nur Erfolg haben kann, wenn es konstant die Hausaufgaben erledigt. Erinnern Sie sich noch an Ihre eigene Zeit? Die meisten der von uns befragten Erwachsenen geben zu, daß Sie sich nur sporadisch auf Prüfungen vorbereitet haben und die Hausaufgaben nicht selten eine halbe Stunde vor Schulbeginn erledigt haben. Manche Jugendliche entwickeln bizarre Lern- und Arbeitsmethoden: Einige können grundsätzlich nur Vokabeln pauken, wenn im Hinter- (oder Vorder-) grund MTV läuft, andere beginnen nie vor 22 Uhr mit ihren Hausaufgaben, viele Mädchen erledigen ihre Aufgaben nur mit mindestens drei Freundinnen und zwei Kannen Tee. Helfen Sie Ihrem Teenager, indem Sie ihm einen Arbeitsplatz bieten, an dem er ungestört arbeiten kann. Unterstützen Sie ihn bei seiner Zeiteinteilung, ohne ihn alle fünf Minuten zu fragen, wie weit er schon sei. Ermuntern Sie ihn, wenn er etwas in einer Schulstunde nicht verstanden hat, beim Lehrer nachzuhaken.

Lernmethoden
Wenn die Noten auch bei bizarren Lernmethoden stimmen, können diese beibehalten werden.

Thema Motivationsmangel:

Motivation kommt von innen und den meisten Schülern gelingt es, mit einem Minimum an Aufwand, ein Maximum an Ergebnis zu erzielen. Doch auch Sie als Eltern können helfen, einen entsprechenden Motivationsrahmen zu schaffen: Wichtigstes Element ist die richtige Schule oder Schulart. Ein Kind, das sich in seiner Klasse oder Schule unwohl fühlt, ist schwer zu motivieren. Permanent schlechte Noten tragen nicht zur Motivationssteigerung bei. Manchmal kann die Angst vor einer Prüfung Ihr Kind dazu bewegen, etwas zu lernen, sie ist aber nur manchmal wirk-

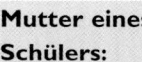

lich wirkungsvoll, da sie meistens erst zwei Stunden vor Prüfungsbeginn einsetzt. Eltern sollte bewußt sein, daß Ehrgeiz und Interesse in diesem Alter selten zu verstärktem Lernen anspornen, da die meisten Jugendlichen nicht wissen, für „was" sie eigentlich lernen. Leichter fällt es, wenn sie ein konkretes Ziel (eine bestimmte Lehre/Studium) vor Augen haben. Gerade Spätentwickler zeigen vielleicht erst Mitte Zwanzig, welches bis dato versteckte Potential in ihnen steckt.

Mutter eines Schülers:
„Nichts gegen meinen Sohn, aber zum Elternabend gehe ich grundsätzlich unter falschem Namen."

Thema Noten:

In höheren Klassen werden Zensuren und Klausuren immer wichtiger, da sie zur Abiturnote zählen. Mancher Jugendliche hat Angst, daß ihm eine einzige Klassenarbeit den gesamten Durchschnitt zerstört. Als Eltern können Sie Ihrem Teenager den Druck etwas lindern, indem Sie ihm klar machen, daß Noten nicht das wichtigste im Schulleben sind.

Thema Schule schwänzen und Schulabbruch:

Bis zum 15. Jahr sind Sie dafür verantwortlich, daß ihr Kind regelmäßig die Schule besucht. Hier einige Gründe, die die Ursache für das Schulschwänzen sein können:

- uninteressanter Unterrichtsstoff
- das intellektuelle Niveau ist zu niedrig/zu hoch
- der Leistungsdruck ist zu hoch
- sozialer Druck in der Clique
- Jugendliche wollen jetzt schon ihr Geld verdienen.

Sprechen Sie mit Ihrem Teenager über die Gründe. Machen Sie ihn jedoch auf die Konsequenzen seines Fernbleibens aufmerksam. Vielleicht wirkt ein Schulwechsel motivierend auf ihn. Ein Wochenend- oder Ferienjob kann die Lösung für chronischen Geldmangel sein.

Selbstverständlich können Sie Ihren Teenager nicht zwingen, die Schule weiterhin zu besuchen, wenn er entschlossen ist, sie zum frühestmöglichen Zeitpunkt zu verlassen. Manche Eltern können es sich finanziell nicht leisten, daß ihr Kind bis zum Abitur die Schule besucht oder sogar ein Studium absolviert. Einkommensschwache Familien sollten sich in diesem Fall bei dem für sie zuständigen Amt für Ausbildungsförderung (Bafög-Amt) informieren.

Wahrscheinlich gehört Ihr Teenager auch nicht zu denen, die gerne und freiwillig lernen. Hier einige Tips:

Statistik

55 % der Eltern erwarten von ihren Kindern das Abitur
35 % den Realschulabschluß
nur 10 % den Hauptschulabschluß.

Tip: "Wie lerne ich richtig"

Erstelle dir einen **Zeitplan**, den du auch einhalten kannst. Das motiviert und gibt dir das Gefühl etwas geschafft zu haben.

Fange rechtzeitig mit dem Lernen und Wiederholen an. Wer kurz vorher 50 Seiten Stoff wiederholt, hat geringe Chancen auf Erfolg. Je früher man einen Stoff gründlich wiederholt, desto einfacher läßt er sich kurz vor der Klassenarbeit rekapitulieren.

Räume Fächern, die nicht deine Stärken sind, mehr Zeit ein.

Bringe **Abwechslung** in die Lernerei. Suche dir bestimmte (schwierige/langweilige und einfache/interessante) Themen vorher aus und lerne sie abwechselnd.

Einige lernen erfolgreich am Abend vor einer Prüfung, andere kriegen zu diesem Zeitpunkt nichts in ihren Kopf hinein. Finde heraus, zu welchem Typus du gehörst.

Ruhe dich dazwischen aus, gönne dir ein Stück Kuchen nach verrichteter Arbeit oder belohne dich durch einen Kino- oder Freundesbesuch.

Probleme? – Kein Grund zur Panik.

Ziele setzen

„Das Problem ist eine Gelegenheit
in Arbeitskleidung."

Henry J. Kaiser

Bis jetzt haben Sie in unserem Buch sicher das ein oder andere Problem mit Ihrem Jugendlichen wiedererkannt und sind vielleicht sogar kurz vor dem Verzweifeln. In diesem Kapitel wollen wir Ihnen etwas Zuversicht schenken, denn viele scheinbar unüberwindliche Hürden sind durch gezielte Planung zu meistern. Bedenken Sie einmal die Situation Ihres Teenagers. Ständig ist er „Zielscheibe" für Forderungen, die andere ihm setzen: „Arbeite zielstrebiger!", „Du mußt das Klassenziel erreichen!", „Was stehst du denn schon wieder so ziellos in der Gegend `rum?" schallt es von jeder Seite auf ihn ein. Für viele Teenager ist bei dem Wort „Ziel" bereits Endstation.

In unseren Seminaren haben wir jedoch die Erfahrung gemacht, daß Jugendliche durchaus über ihr weiteres Leben, also ihre „Lebensziele" nachdenken. Dazu braucht man natürlich neben Zeit und Muße klar formulierte Fragen. Machen Sie sich doch einfach Kopien der folgenden Fragebögen und bitten Sie Ihren Teenager (in einer harmonischen Stunde), sich einmal damit zu beschäftigen.

Fragebogen „Lebensziele"

Was möchtest du in deinem Leben erreichen?

Schule und Ausbildung

Möchtest du in einem Schulfach eine bessere Note bekommen? Möchtest du eine bestimmte Fähigkeit erlernen (z. B. ein Instrument)? Strebst du einen bestimmten Schulabschluß an? Möchtest du dadurch mit deinem Leben besser zurechtkommen?

Ich habe folgende Ziele:

1. _____
2. _____
3. _____
4. _____
5. _____
6. _____
7. _____
8. _____

Beruf

Welcher Berufszweig interessiert dich? Möchtest du eher gefördert werden oder deine Ziele selber entdecken? Hast du einen Traumberuf?

Ich habe folgende Ziele:

_____

_____

_____

_____

_____

_____

Freizeit

Möchtest du mehr „action"? Möchtest du ein gutes Buch lesen? Möchtest du mehr Zeit für dich haben? Möchtest du etwas für deinen Körper tun (Sport)? Möchtest du länger weggehen?

Ich habe folgende Ziele:

_____

_____

_____

_____

_____

Familie

Möchtest du mehr Taschengeld? Möchtest du ein eigenes Zimmer? Möchtest du Probleme mit deinen Geschwistern klären? Willst du mit deinen Eltern weniger Streß haben?

Ich habe folgende Ziele:

_____

_____

_____

_____

_____

Freundschaft/Liebe

Möchtest du neue Freunde gewinnen? Möchtest du eine/n feste Freund/in haben? Möchtest du mehr geachtet werden? Möchtest du dich weniger beeinflussen lassen?

Ich habe folgende Ziele:

_____

_____

_____

_____

Persönlichkeit

Was willst du eigentlich? Möchtest du mehr Durchsetzungsvermögen besitzen? Willst du konsequenter deine Ziele verfolgen? Strebst du mehr innere Unabhängigkeit an? Willst du weniger „verklemmt" handeln?

Ich habe folgende Ziele:

Langfristige Lebensziele

Möchtest du etwas Einzigartiges leisten? Möchtest du politisch aktiv sein? Willst du eine eigene Familie gründen? Möchtest du Karriere machen? Willst du dein Leben leben (geldunabhängig)?
Welche deiner Ziele sind so schwierig zu erreichen, daß du einen ausführlichen Plan für sie schmieden willst?

Ich habe folgende Ziele:

Sind Sie jetzt so richtig in Fahrt gekommen?
Dann haben wir für Sie und Ihren Teenager ein besonderes
„Ziel-Formular":

ICH NENNE DREI…

3 **Traumwünsche:**

1. _____

2. _____

3. _____

3 **Dinge, für die ich mich einsetzen möchte:**

1. _____

2. _____

3. _____

3 **Dinge, die ich in meinem Leben unbedingt erreichen möchte:**

1. _____

2. _____

3. _____

3 Fähigkeiten, die ich bei mir entwickeln möchte:

1.

2.

3.

3 Dinge, die mir helfen werden, mein Leben zu bewältigen:

1.

2.

3.

3 Sachen, die mein Leben lebenswert machen:

1.

2.

3.

3 Dinge, vor denen ich Angst habe:

1.

2.

3.

Vom Fernziel zum Nahziel

Nun gilt es, die grob skizzierten Lebensziele in greifbare Nähe zu rücken, also in Nahziele umzuwandeln. Hierzu haben wir mit dem Fragebogen „Mein Ziel" gute Erfahrung gemacht:

Fragebogen „Mein Ziel"

Du willst eines der von dir gesteckten Ziele in den nächsten ein bis zwei Jahren in die Tat umsetzen: Dieser Fragebogen hilft dir dabei, dein Ziel zu testen. Er analysiert das Ziel und macht dir eventuelle Risiken bewußt.

Mein Ziel

Welches Ziel möchtest du in den nächsten ein bis zwei Jahren konkret erreichen?

Ich habe folgendes Ziel:

Erwartungen

Welche Erwartungen hast du an das von dir gesteckte Ziel?
Reizt es dich selbst oder willst du es erreichen, weil andere
es von dir erwarten?

Ich erwarte von meinem Ziel:

Maßnahmen

Welche Maßnahmen unternimmst du, um das Ziel zu erreichen?

Ich plane folgende Schritte:

Persönliche Schwierigkeiten

Welche persönlichen Hürden mußt du überwinden, um dein Ziel zu erreichen (zu wenig Selbstbewußtsein/ Ehrgeiz/Perspektive)?

Ich habe folgende persönliche Schwierigkeiten:

Äußere Schwierigkeiten

Welche äußeren Hürden mußt du überwinden, um dein Ziel zu erreichen (Finanzen, Eltern, Ärger mit bestimmten Lehrern)?

Ich habe folgende äußere Schwierigkeiten:

Chancen

Wie groß sind die Chancen, dein Ziel zu erreichen?

Ich sehe meine Chancen in:

Konsequenzen

Welche Konsequenzen hat es, wenn du dein Ziel nicht erreichst?

Wenn ich mein Ziel nicht erreiche, dann:

Helfer

Wer könnte dir helfen, dein Ziel zu erreichen?

Mich könnte unterstützen:

Bestätigung

Warum fühlst du dich bestätigt, wenn du dein Ziel erreicht hast?

Ich fühle mich gut, weil:

Opfer

Was würdest du für dein Ziel freiwillig aufgeben? Was würdest du für dein Ziel investieren?

Für mein Ziel biete ich.

Fähigkeiten und Begabungen erkennen

Wer sich Ziele setzt, muß neben der nötigen Begabung wissen, was ihn interessiert. Mit dem Fragebogen „Fähigkeiten und Eigenschaften" kann (nicht nur) Ihr Teenager herausfinden, welche Fähigkeiten in ihm stecken.

Um für dich herauszufinden oder auch nur festzustellen, wozu du begabt bist, beantworte bitte die folgenden Fragen:

Woran habe ich am meisten Spaß? Was ist meine Lieblingsbeschäftigung?

Wofür erhalte ich von meinen Mitmenschen die meiste Anerkennung und das meiste Lob?

Worauf bin ich besonders stolz? Worin liefere ich die besten Ergebnisse ab?

Was gefällt mir an anderen? Welche Fähigkeiten und Eigenschaften bewundere ich?

Habe ich ähnliche positive Eigenschaften?

Selbsteinschätzung und Fremdeinschätzung

Besonders wichtig für das spätere Leben Ihres Teenagers ist die realistische Selbsteinschätzung. Nur so weiß er, wo er steht und ist zur Selbstüberprüfung fähig. Mit dem Fragebogen „Selbsteinschätzung und Fremdeinschätzung" kann Ihr Jugendlicher vergleichen, was er selbst und was Eltern, Freundin, Freund oder Geschwister über ihn und seine Fähigkeiten denken und ob er sich selber wirklich realistisch einschätzt.

Warum sehen andere Menschen mich anders als ich mich selbst?

Einführung: Fragebogen „Selbst- und Fremdeinschätzung"

Bevor du an die Beantwortung gehst, noch ein paar Hinweise: Je mehr du einer einzelnen Aussage zustimmst, desto größer ist die Zahl, die du ankreuzen mußt. Also: keine Zustimmung = 1, stimme voll und ganz zu = 7.

Ein Tip: Kreuze die Zahlen mit einem farbigen Stift an und verbinde die Kreuzchen von oben nach unten mit einer Linie. Die selben Fragen zu Deiner Person sollen dann von einem anderen Menschen beantwortet werden. Einzige Bedingung: Er muß dich gut kennen. Benutze dabei einen andersfarbigen Stift. Wenn du die Kreuzchen verbindest, hast du zwei Linien. Wo klaffen sie auseinander? Warum sieht dich der andere anders als du selbst? Nun kannst du das mit dem anderen besprechen und dir ein realistisches Bild von deinen Fähigkeiten und Eigenschaften machen.

F r a g e b o g e n   S e l b s t -

Eigenschaft	Fähigkeit	stimmt kaum voll ganz
Aufgeschlossenheit	Ich höre gern Menschen zu, die eine ganz andere Auffassung haben als ich.	1-2-3-4-5-6-7
Selbstbewußtsein	Ich weiß, was ich kann und was ich will.	1-2-3-4-5-6-7
Eigeninitiative	Ich setze mir eigene Ziele und verwirkliche sie auch ohne Anstöße von außen.	1-2-3-4-5-6-7
Leistungswille	Ich habe den Ehrgeiz, auch harten Anforderungen gerecht zu werden.	1-2-3-4-5-6-7
Anpassungsvermögen	Ich komme mit ganz unterschied- lichen Menschen zurecht.	1-2-3-4-5-6-7
Lernbereitschaft	Ich lerne gern Neues dazu.	1-2-3-4-5-6-7
Selbständigkeit	Ich arbeite lieber nach meinen Regeln als nach Anweisungen.	1-2-3-4-5-6-7
Auffassungsgabe	Ich begreife sehr schnell, wenn mir jemand etwas Neues erklärt.	1-2-3-4-5-6-7
Entschlossenheit	Ich kann mich gewöhnlich schnell und sicher entscheiden.	1-2-3-4-5-6-7
Kontaktfähigkeit	Es fällt mir leicht, fremde Menschen kennenzulernen.	1-2-3-4-5-6-7
Kritikbereitschaft	Ich lasse mir auch mal sagen, wenn ich etwas falsch gemacht habe.	1-2-3-4-5-6-7
Überzeugungskraft	Ich habe in Diskussionen oft treffsichere Argumente, die andere überzeugen.	1-2-3-4-5-6-7

nd Fremdeinschätzung

Eigenschaft	Fähigkeit	stimmt kaum voll ganz
Kreativität	Ich habe immer neue Ideen.	1-2-3-4-5-6-7
Genauigkeit	Ich führe alle Arbeiten exakt aus.	1-2-3-4-5-6-7
Konzentrations- fähigkeit	Ich bleibe an der Sache dran und lasse mich nicht ablerken.	1-2-3-4-5-6-7
Zuverlässigkeit	Ich bin ein Mensch, auf den man sich verlassen kann.	1-2-3-4-5-6-7
Begeisterungs- fähigkeit	Ich kann mich leicht für etwas begeistern.	1-2-3-4-5-6-7
Belastbarkeit	Mit Schwierigkeiten und Problemen werde ich gut fertig.	1-2-3-4-5-6-7
Impulsivität	Ich handle oft aus dem Gefühl heraus.	1-2-3-4-5-6-7
Kompromißbereit- schaft	Ich muß nicht immer Recht behalten, ich kann mich gut mit anderen einigen.	1-2-3-4-5-6-7
Hilfsbereitschaft	Wenn jemand Hilfe braucht, helfe ich gern.	1-2-3-4-5-6-7
Teamfähigkeit	Ich kann gut mit anderen zusammenarbeiten.	1-2-3-4-5-6-7
Ausdauer	Ich kann so lange an einer Arbeit sitzen, bis ich das gewünschte Ergebnis habe.	1-2-3-4-5-6-7
Selbstsicherheit	Ich glaube, daß ich in allen Situationen zurechtkomme.	1-2-3-4-5-6-7
Selbstdiszliplin	Auch wenn ich eigentlich keine Lust habe, kann ich mich zum Arbeiten zwingen.	1-2-3-4-5-6-7

Schwächen können Stärken sein

Warum denken die meisten Menschen häufiger über ihre Fehler und Schwächen nach als über ihre starken Seiten? Psychologen sagen, daß der Mensch eher dazu neigt, das Negative an sich selbst zu sehen als durch einen  positiven Blick den gewohnten Trott zu überwinden. Indem man sich auf seine Nachteile konzentriert, entgeht man der Notwendigkeit, das eigene Leben zu verändern. Wenn man nämlich seine Fähigkeiten erkennen würde, wäre man gezwungen mehr aus sich zu machen, d. h. natürlich auch Risiken einzugehen, indem man neue Verhaltensweisen ausprobiert.

In manchen Schwächen können auch Stärken liegen.

Dabei sollte man aber eines nicht vergessen: In vermeintlichen Schwächen können auch verborgene Stärken liegen. Schreiben Sie einmal auf, welche Schwächen Ihrer Ansicht nach Ihren Teenager „auszeichnen". Nun überlegen Sie sich, ob in der einen oder anderen Schwäche nicht eine verborgene Stärke liegen kann. Vielleicht tun Sie dies auch mit Ihrer Tochter/Ihrem Sohn gemeinsam. Es kann sehr aufbauend und aufklärend für beide Seiten sein.

Unsere Musterliste aus einem Seminar zeigt Ihnen, wie man mit Schwächen stark wird.

Schwächen sind Stärken

Schwächen	Stärken
keine Kritik vertragen	willensstark – nicht beeinflußbar
Ärger beim Verlieren	ehrgeizig
stur, rechthaberisch	läßt sich nicht ausnützen, überzeugt
ungeduldig	zielstrebig, aktiv, engagiert
egoistisch	überlebenswillig, ehrgeizig
unpünktlich	gemütlich/gelassen, nicht pedantisch
übersensibel	gefühlvoll, wahrnehmungsbewußt
kein Selbstvertrauen	selbstkritisch

Pläne machen

„Wenn es ein Geheimnis des Erfolges gibt, so ist es das:
Den Standpunkt des anderen verstehen und die Dinge mit
seinen Augen sehen."

Henry Ford

Die Auslöser familiärer Spannungen sind unterschiedlichster Natur. Erstes Ziel ist es, sich über deren Ursprünge bewußt zu werden. Nehmen Sie doch einmal in einer ruhigen Minute einen Zettel und einen Stift zur Hand und listen Sie spontan alles auf, was Ihnen Ihr Zusammenleben mit Ihrem Teenager erschwert: z.B. unordentliches Zimmer, Rauchen, schlampige Kleidung, schlechte Schulnoten etc.

Erstellen Sie nun eine Liste mit all Ihren Strategien, die Ihnen bisher dazu dienten, Ihre Probleme zu lösen. Welche Druckmittel haben Sie eingesetzt, um Ihren Teenager dazu zu bringen, sich akzeptabel zu verhalten: Hier einige Muster-Strategien:

Belohnung: „Wenn du dein Zimmer aufräumst, bekommst du diese Woche extra Taschengeld."; „Wenn du die Spülmaschine ausräumst, leihe ich dir meinen blauen Pullover."
Bestrafung: beispielsweise durch den Entzug sozialer Kontakte: „Du hast nächste Woche Hausarrest."
Kontrolle: „Ich rufe um zehn Uhr an, um zu sehen, ob du schon zu Hause bist".
Befehle: „Du machst jetzt deine Hausaufgaben"; „Du hörst sofort mit dem Rauchen auf."
Verbote: „Ich verbiete dir, dich noch einmal mit Peter zu treffen."
Haben Ihre Mittel funktioniert oder fangen Sie jeden Tag wieder von vorne an?

Eines sollten Sie bedenken: Jeder Mensch ist nur dann motiviert, sein Verhalten zu ändern, wenn er sich angenommen, zufrieden und verstanden fühlt. Ihre Autorität in Ihrer Elternrolle ist um so erfolgreicher, je mehr Sie versuchen, die Hintergründe des Verhaltens Ihres Kindes zu verstehen und zu akzeptieren. Dem Idealbild, das Sie eventuell im Hinterkopf mit sich tragen, wird Ihr Teenager nie entsprechen.

Protokoll – Abmachungen fixieren

Generell sei gesagt: Wer Pflichten übernehmen soll, muß Rechte haben. Das gilt auch für Jugendliche. Auf Dauer werden sie nur dann bereit sein, beispielsweise verantwortlich im Haushalt mitzumachen, wenn sie mitbestimmen dürfen, welcher Art diese Aufgaben sind. In einer Diktatur, die von oben herab festlegt, was jeder zu tun und zu lassen hat, wird es wenig Verantwortungsfreude geben. Wenn die Verteilung der Aufgaben jedoch in offenen Verhandlungen zwischen Eltern und Kinder diskutiert wird, ist die Wahrscheinlichkeit, daß alles klappt, erheblich größer. Dabei darf nicht vergessen werden, die getroffenen Abmachungen schriftlich zu fixieren. Damit entgehen Sie der Gefahr, daß feste Abmachungen nicht eingehalten werden. Also: Alle zwei Wochen eine Familienkonferenz, in der alles ausführlich besprochen wird. Und: Protokoll nicht vergessen!

Wer Pflichten übernehmen soll, muß auch Rechte haben.

Sie werden sehen, wenn Sie bereit sind, Ihrem Teenager Zugeständnisse zu machen, vermeiden Sie gleichzeitig, daß Ihr Teenager sich von Ihnen unterdrückt fühlt und eine berechtigte Wut gegen Sie entwickelt, die sein späteres schlechtes Benehmen für ihn rechtfertigt.

Checkliste „Pläne machen"

1. Idee

2. Analyse der Situation - Ist-Zustand definieren

3. Teilziele und Gesamtziele festlegen – Aufgaben verteilen

4. Maßnahmen festsetzen - Lösungsansätze entwickeln

5. Schritte analysieren - Optimale Lösung suchen - Hürden erkennen

6. Erfolgskontrolle - Protokoll erstellen

7. Kontrolle der bisherigen Ergebnisse - Nachbesserungen überlegen

8. Anpassung der Ziele - Mängel ausbessern

9. Zusätzliche Neuerungen einbeziehen

Problemlösungsstrategien

Probleme sind dazu da, gelöst zu werden.
Dabei fanden wir folgende Formel:

$$Problem = Ziel + Hindernis$$

Unsere Formel zeigt den Kern der Sache auf: Es gibt ein Ziel/mehrere Ziele und irgend jemand oder etwas hindert den Jugendlichen daran, diese Ziele zu erreichen. Priorität 1 lautet deswegen: „Erkenne dein Ziel" und Priorität 2: „Beseitige die Hindernisse".

Der Problemlösungs-Check:

Zuerst muß man das Problem in der Griff bekommen: Was Manager können, ist für Sie sicher kein Problem: Rufen Sie mit sich selber eine Problemlösungs-Sitzung ein. Beginnen Sie wie ein Manager, indem Sie das Problem zuerst schriftlich fixieren. Ist das Problem erst einmal definiert, geht es an die Ursachenforschung. Notieren Sie nun die Ursachen für Ihr Problem. Achtung: Wenn Sie zu den Menschen gehören, die bei jedem auftauchenden Problem nur zu gerne einen Schuldigen suchen, haben wir eine kleine Zwischenaufgabe eingebaut: Erstellen Sie nun eine Liste mit den Personen oder Situationen, die Sie, wenn wieder einmal etwas schief gegangen ist, für schuldig halten. Ist Ihre Liste komplett? Dann sagen Sie jetzt den Schuldigen zehn Minuten lang gehörig die Meinung. Wenn Sie Ihre

135

Standpauke beendet haben, überlegen Sie sich, ob sich an Ihrer Situation etwas geändert hat. Mit Sicherheit spüren Sie etwas Erleichterung, aber hat sich Ihr Problem gelöst?

Jetzt kommt der schwierigere Teil der Übung: Überlegen Sie sich nun, welche Lösungen sich wirklich für Ihre Probleme anbieten. Welche von ihnen ist „das Ei des Kolumbus"? Entscheiden Sie sich nur für ein Ei. Nun können Sie von der Theorie zur Praxis schreiten:

Probleme strategisch lösen

Beginnen Sie nun mit der Umsetzung Ihrer Lösungsstrategie. Der Fragebogen „Check dein Problem und löse es" ist für Eltern und Kinder gleichermaßen gedacht.

Check dein Problem und löse es

1. Mein Problem:

_____

_____

_____

_____

2. Die Ursachen:

_____

_____

_____

_____

3. Die Lösungen:

4. Die beste Lösung:

5. Was muß getan werden?	bis wann?	Strategie

Entspannungstechniken für entnervte Eltern

Vergessen Sie
sich selber nicht.

„Humor ist der Knopf, der verhindert,
daß uns der Kragen platzt."

Joachim Ringelnatz

Malen in der Toskana oder die „Thalasso-Therapie"
auf Kos? Das ist die große Frage. Seminare und Bücher
über Entspannungstechniken gibt es wie Sand am Meer.
Vielleicht gehören Sie zu denjenigen, die selbst schon einige euphorisch begonnen und sogar erste Erfolge erzielt
haben – doch dann hat Sie der alltägliche Streß, Wirbel,
Ärger und Frust wieder eingeholt.

Ent-Spannung tut not, wenn man unruhig ist, Ärger in
einem brodelt und alles aus dem Lot zu geraten scheint.
Einige Entspannungstechniken funktionieren gut, wenn
man sich in Ruhe (vor allem ohne störende Lärmquelle) in
ein stilles Eck setzt und eine der gepriesenen Techniken
einübt. Aber wann und wo fragen Sie?

Wir meinen, Entspannung ist möglich. Hier ein paar
einfache Tips für den Frust-Alltag:

Ausatmen und die Schultern fallen lassen

Beobachten Sie sich einmal, wenn Sie etwas so rich-
tig frustet: Sie atmen zu tief ein und ziehen dabei die
Schultern nach oben – und schon sind Sie angespannt.
Während in der Steinzeit Anspannung die optimale

Reaktion auf jede Art von Bedrohung darstellte, ist sie heute nicht mehr angemessen. Atmen Sie also aus und lassen Sie die Schultern nach unten fallen. Machen Sie das am besten gleich zweimal hintereinander und reagieren Sie erst dann auf das „Frustobjekt".

Probieren Sie es doch gleich aus: Stellen Sie sich eine extreme Frust-Situation mit Ihrem Teenager vor: Eine rotzige Antwort, wieder diese fürchterlichen Freunde, die Hose hängt am Knie, die Stereoanlage beschallt potentiell einen 200 m^2 Raum und kein 12 m^2 Zimmer, verspätetes Nachhausekommen, einen Sechser in Mathematik, stundenlange Telefonate und dementsprechende Telefonrechnungen.

Konzentrieren Sie sich, bevor Sie auf diese „Provokation" reagieren, auf Ihren Atem. Ausatmen, Schultern entspannt nach unten halten und tief einatmen. Und nun atmen Sie alle Anspannung hinaus, alle Verspannungen weg und Ruhe und Gelassenheit tritt ein. Und noch einmal. Merken Sie etwas?

Ruhiger Atem hilft Anspannung zu vermeiden: „Erst ein paar tiefe Atemzüge, dann zu dir, meine Tochter/mein Sohn." Üben Sie das vor dem „Ernstfall". Sie werden über das Ergebnis erstaunt sein.

Stop

Helfen Sie sich dabei mit einem einfachen Trick. Beobachten Sie sich beim Autofahren: Welche Automatismen lenken Sie? Bei einer roten Ampel: stehenbleiben, bei einer grünen Ampel: Gas geben, bei einem Stop-Schild: bremsen–schauen–weiterfahren. Dabei sind Sie mit den Gedanken ganz woanders, hören dem Radio zu oder unterhalten sich mit dem Beifahrer. Der Automatismus hat sich

bei Ihnen soweit eingeprägt, daß er unbewußt abläuft. Warum sollten Sie diesen „Stop-Automat" nicht für Frust-Situationen nutzen? Sie sehen wieder einmal so richtig rot... anhalten, durchatmen und auf grün warten. Unterstützen Sie diesen Stop-Mechanismus im wahrsten Sinne des Wortes mit einem kleinen Kniff: Zupfen Sie sich am Ohrläppchen, pressen Sie den Zeigefinger gegen den Daumen, setzen Sie die Brille ab, ziehen Sie sich an der Nase oder schnippen Sie mit den Fingern. Stop – ausatmen und Schultern runter, einatmen und dann ein paar ruhige Atemzüge.

Sind Sie explosiv wie Dynamit?

Der Blutdruck steigt, die Hormone geraten in Wallung, der ganze Körper ist in Alarmbereitschaft. In der Medizin versteht man unter jemandem, dessen Lunte permanent brennt, den Typus von Mensch, der unter Druck zu „heiß" reagiert. Explodieren Sie beim Streit mit Ihrem Teenager schnell? Oft sind es die déjà-vu-Situationen, die einem das Blut in den Adern in Wallung bringt. Die heißen Reaktionen kann man sich durchaus abgewöhnen. Werfen wir einmal einen Blick auf das Astronauten-Training. Schritt für Schritt werden Astronauten immer kritischeren Situationen ausgesetzt, um eine sogenannte „Desensibilisierung" in Angstsituationen herbeizuführen. Auch Spitzensportler trainieren nach diesem Prinzip. Sie beginnen mit dem leichten Aufwärmtraining und arbeiten sich mit maßgeschneiderten Fitneßprogrammen an ihre Höchstleistungen heran. Ein psychologisches Belastungstraining hilft ihnen beim Wettkampf, vor lauter Aufregung letztendlich nicht den Startschuß zu versäumen.

Aus der Römerzeit ist folgende wahre Geschichte überliefert: Der römische Konsul Marius wurde mit Truppen losgeschickt, um die Kimbern und Teutonen, die das römische Reich bedrohten, zu verjagen. Als die römischen Legionäre aber die wilden Horden sahen, nahmen sie Reißaus. Marius, als geschickter Feldherr, wandte die Desensibilisierungstaktik an. Er führte seine Truppen in die Nähe der feindlichen Krieger und sobald er bei ihnen Angst feststellte, zog er sich kampflos zurück. Allmählich gewöhnten sich die Römer an den Anblick der Teutonen und Kimbern. Als die Angst überwunden war, führte er seine Truppen in die Schlacht und siegte. Jetzt fragen Sie sich wahrscheinlich, was das mit Ihnen zu tun hat. Eine Zwischenfrage: Kommen Ihnen die Freunde Ihres Teenagers nicht manchmal vor wie eine wilde Heerschar? Versuchen Sie es jetzt mit Marius' Taktik. Sie werden merken, daß die Kerle eigentlich ganz nett und freundlich sind und Sie werden überrascht sein, welch' guter Kontakt sich ergeben kann. Natürlich können Sie die Desensibilisierungstaktik mental einüben: Stellen Sie sich Streßsituationen mit Ihrem Teenager in extremen „Eskalationsstufen" vor, um dann beim Eintreten einer realen Streßsituation gelassen zu reagieren.

Nur einfach abschalten

Ständig stehen wir unter Strom. Wünschen Sie sich auch manchmal, daß Sie einfach einen Aus-Schalter betätigen und umgehend entspannende Leere eintritt? Wir verraten Ihnen eine ganz einfache Technik: Bilden Sie einen sinnlosen Begriff, der weder Inhalt noch Bedeutung für Sie hat. Wenn man aus dem Wort Teenager die beiden ersten und die beiden letzten Buchstaben wegläßt, bleibt „enag" übrig. Sagt ihnen der Begriff „enag" etwas? Nein, dann schieben Sie mit diesem Begriff einen Riegel vor Ihren Gedanken-Wust, indem Sie sich entspannt hinsetzen und sich mit ein paar Atemzügen zur Ruhe bringen. Schließen Sie die Augen. Jetzt stellen Sie sich Ihren sinnlosen Begriff so plastisch wie möglich vor. Beispielsweise als Leuchtschrift, als Plakat oder als Graffiti. „Enag", „enag", „enag"... und Sie merken, daß die störenden Gedanken allmählich verschwinden und eine entspannende Leere in Ihrem Kopf entsteht. Genießen Sie das, endlich können Sie abschalten.

Lassen Sie Ihren Ärger und Frust verschwinden.

Visualisation

„Manche Leute sehen die Dinge, wie sie sind, und fragen: Warum? Ich träume von Dingen, die es niemals gab, und frage: Warum nicht?"

George Bernard Shaw

Mit der Visualisationstechnik programmieren sich Spitzensportler auf Erfolg. Im entspannten Zustand projizieren sie Bilder vor ihr geistiges Auge, die das Verhalten im Bedarfsfall positiv beeinflussen. Jack Niklaus, ein berühmter amerikanischer Golfspieler, beschreibt in seinem Buch: „Zuerst sehe ich den Ball da, wo ich ihn haben will. Dann sehe ich den Ball fliegen und landen. Jetzt kehre ich in die Realität zurück und führe den Schlag aus. Oft verläuft die Flugbahn tatsächlich so, wie ich sie mir vorgestellt habe."

Schließen Sie nun die Augen und erträumen Sie sich eine harmonische Situation mit Ihrem Teenager. Schwindet nicht der Ärger, die Sorge, der Frust? Vergegenwärtigen Sie sich nun, daß Ihr Teenager, der Ihnen im Moment viele Sorgen bereitet, in einiger Zeit ein reifer, erwachsener, vernünftiger Mensch geworden ist. Führen Sie sich vor Auge, wie zufrieden und glücklich Sie das macht. Sehen Sie sich nun ruhig und gelassen auf Problemsituationen reagieren, fühlen Sie die Liebe zu Ihrem Kind und das Verständnis für pubertätsbedingte Schwierigkeiten? Wenn Sie mehr Konsequenz in Ihre Erziehung bringen wollen, dann malen Sie sich diese in konkreten Situationen aus. Wie oft kommt man gestreßt von einem Arbeitstag nach Hause und freut sich auf den entspannten und wohlverdienten Feierabend. Schon die Begrüßung kündigt Ihnen an, daß es Zoff mit den Kindern gab. Die Enttäuschung führt zu einer Überreaktion, die den ganzen Ärger nur noch potenziert. Helfen Sie sich mit dieser kleinen Übung: Setzen Sie sich, bevor Sie das Büro verlassen, kurz still hin und stellen Sie sich die zu erwartende Situation vor. Diesmal versuchen Sie dabei gelassen zu bleiben und Ihre Freude auf den Feierabend zu erhalten. Sie werden sehen, es funktioniert.

Moment of excellence

Zum Schluß führen Sie sich eine Situation vor Augen, in der Sie sich mit Ihrem Teenager richtig glücklich gefühlt haben. Erinnern Sie sich dabei vor allem an Ihre Gefühle. Schließen Sie die Augen und durchleben Sie diesen schönen Moment ein zweites Mal. Prägen Sie sich diesen „moment of excellence", diesen wunderschönen Moment, richtig ein. Sind Sie einmal wieder deprimiert, frustriert und enttäuscht, weil Ihre Erziehung überhaupt nicht fruchtet, dann ziehen Sie sich zurück, entspannen Sie sich und denken Sie an den „moment of excellence". Diese Art der „Psycho-Hygiene" ermutigt und motiviert dauerhaft.

Der Jugendliche und seine Rechte und Pflichten

Alter	Erlaubnis/Befähigung/Mündigkeit/Pflichten
12 Jahre	beschränkte Religionsmündigkeit
14 Jahre	Besuch von Veranstaltungen (z. B. Film) bis 22 Uhr volle Religionsmündigkeit Strafmündigkeit als Jugendlicher Mitbestimmungsrechte, z. B. bei einer bevorstehenden Operation, Berufswahl, im Scheidungsfall Zugehörigkeit zu einem Elternteil
15 Jahre	Ende der normalen Schulpflicht, Beginn der Berufsschulpflicht
16 Jahre	Bedingte Ehemündigkeit Eidesfähigkeit Fahrerlaubnis der Klasse 1 b, 4 und 5 Pflicht zum Besitz eines Personalausweises Aufenthalt in Gaststätten ohne Erziehungsberechtigten, Film- und Tanzveranstaltungen bis 24 Uhr, Rauchen in der Öffentlichkeit
18 Jahre	Volljährigkeit (vgl. § 2 BGB) volle Ehemündigkeit volle Geschäftsmündigkeit volle Strafmündigkeit (mit Einschränkungen) aktives und passives Wahlrecht für Bundestag (vgl. Art. 38 GG), Landtag, Gemeindevertretung Ende der Pflegschaft oder Vormundschaft wegen Minderjährigkeit Adoption ohne Einwilligung der (leiblichen) Eltern möglich selbständige Wahl des Wohnsitzes Ende der Berufsschulpflicht (Ausnahmen je nach Bundesland)
21 Jahre	Ende der Möglichkeit, Jugendstrafrecht anzuwenden (vgl. §10 Strafgesetzbuch)
24 Jahre	Ende der Möglichkeit, den Jugendstrafvollzug anzuwenden (Sollvorschrift)
25 Jahre	Annahme eines Kindes möglich (vgl. § 1743 BGB)

Literaturtips

Arlt, Marianne: Welt, ich komme! Der Pubertät 2. Teil. Tagebuch einer entnervten Mutter, Herder, Freiburg i. Br., 1995 (TB)

Asquith, Ros.: Boys, Pickel und andere Megasorgen, 1996 (NNG 22)

Baacke, Dieter: Die 13 - 18jährigen, 1991 (91.48761)

Baacke, Dieter: Jugend- und Jugendkulturen, 1994 (93.22929)

Böpple, Friedhel: Generation XTC, 1996 (96.39262)

Coupland, Douglas: Shampoo Planet, Aufbau-Verlag, 1994[3]

Dainow, Sheila: Trouble mit Teenies. Ein Ratgeber für Eltern, Kösel, München, 1993

Deutsches Jugendinstitut: Immer diese Jugend! Ein zeitgeschichtliches Mosaik von 1945 bis heute, Kösel Verlag, München, 1985 (GCN 55)

Ehmann, Hermann: Affengeil, 1992 (lOGN)

Esser Mittag, Judith: Jugendsexualität heute. Tabus – Konflikte – Lösungen, Quadriga Verlag, 1994

Fenwick, Elisabeth/Dr. Smith, Tony: Pubertät. Ein Survival Guide für Eltern und Teenager. Ravensburger Buchverlag, 1995 (NCK 25)

Ferchoff, Wilfried/Sander, UWE/Vollbrecht, Ralf (Hrsg.): Generation Bravo – eine repräsentative Umfrage unter 3200 in Deutschland lebenden Jugendlichen, München, 1997

Jugendkulturen – Faszination und Ambivalenz. Einblicke in jugendliche Lebenswelten, München, 1995

Ford, Judy: Wonderful ways to love a teen... even when it seems impossible, Conari Press, Berkeley, 1996 (TB)

Höhn, Michael: Immer Ärger mit den Kids, 1995

Hurrelmann, Klaus: Lebensphase Jugend, 1994, (GCN 55)

Institut für empirische Psychologie: Wir sind o.k.! Stimmungen, Einstellungen, Orientierungen der Jugend in den 9Oer Jahren. D IBM Jugendstudie, Bund Verlag" Köln 1995 (TB)

Jahnke, Klaus: Echt abgedreht, 1995 (95 .871 3/GDP)

Jugend. Vom Umtausch ausgeschlossen. Eine Generation stellt s vor (Im Auftrag des Jugendwerks der Deutsehen Shell), Rowohl Reinbeck bei Hamburg, 1984 (GCN 55)

Käsler, Helga: Bitte hört was ich nicht sage, 1996 (HKK 52)

Kursbuch Jugendkultur. Stile, Szenen und Identitäten vor der Jahrtausendwende, Bollmann-Verlag, Mannheim, 1997

Manteufel, Eva: Selbsterfahrung mit Jugendlichen, 1992 (A 92.3227)

Nelsen, Jane/Lott, Lynn: Positive discipline for teenagers, Prima Publishing, RocklinCA, 19942(TB)

Schäfer, Horst: Leben wie im Kino, 1994 (SFC 3)

Schiffer, Eckhart: Warum Huckleberry Finn nicht süchtig wurde 1994 (NT)

Schönfeld, Eike: alles easy. Ein Wörterbuch des Neudeutschen, Verlag C. H. Beck, München, 1995 (TB)

Spiegel Special: Die Eigensinnigen, November 1994 (TB)

Spiegel Special: Jugendstudie 1994, November 1994 (TB)

Wer hilft?

Informationen und Beratungen zu allen Jugendfragen erhalten Sie vom Kreis–, Sozial– bzw. Stadtjugendamt Ihres Wohnortes oder Landkreises. Ferner stehen Ihnen, mit Rat und Tat die beratenden Stellen in öffentlicher, privater und freier Trägerschaft zur Verfügung. Adressen und Telefonnummern erhalten Sie bei den Wohlfahrtsverbänden (Arbeiterwohlfahrt, Caritas, Diakonie, Paritätischen Verbänden u.a.), den sozialen Diensten der Krankenhäuser und den allgemeinen Sozialdiensten der städtischen und staatlichen Behörden.

Die mit Jugend– bzw sozialen Beratungsdiensten befaßten Einrichtungen, wie Jugendberatungsstellen, Jugendzentren, psychologische Beratungsdienste, Kinderärzte, ambulante, teilstationäre und stationäre Einrichtungen der Jugendhilfe, Sozial–, Wohnungs– und Arbeitsämter geben Ihnen sicher in der jeweils eigenen Zuständigkeit Beratung und Hilfen oder vermitteln Sie an zuständige Dienste. Ein Blick ins Telefonbuch genügt. Darin finden Sie zudem ergänzende Selbsthilfegruppen und andere Hilfsorganisationen. In vielen Regionen der Bundesrepublik sind auch spezielle Nottelefone zum Teil rund um die Uhr eingerichtet, um beratende und sonstige Hilfe zu gewähren.

Eine weitere Anlaufstelle für Information und Beratung bei allgemeinen Fragen zum Thema Pubertät ist Pro Familia, Deutsche Gesellschaft für Familienplanung, Sexualpädagogik und Sexualberatung e.V.

Pro Familia ist flächendeckend in der Bundesrepublik vertreten. Der für Sie zuständige Landesverband nennt ihnen Beratungsstellen vor Ort. Pro Familia gibt außerdem zahlreiche nützliche Publikationen heraus: z. B. Buchtips für Jugendliche zum Thema Liebe, Freundschaft und Sex, Broschüren über Verhütungsmethoden oder die Menstruation. Für Mitglieder erscheint alle zwei Monate das Pro Familia Magazin. Für Jugendliche gibt es die telefonische Jugendberatung, bei der sie mit Fachleuten über Liebe & Lust, Sex & Frust sprechen können.

PRO FAMILIA (in jedem Bundesland gibt es einen Landesverband)
Bundesverband • Stresemannallee 3 • 60596 Frankfurt am Main
Tel.: 069/63 90 02 • Fax: 069/63 98 52